语文教师小丛书

语文教师小丛书

文言教学法

张必锟 著
张春莲
陈恒舒 编

商务印书馆
创于1897 The Commercial Press

图书在版编目（CIP）数据

文言教学法 / 张必锟著 .—北京：商务印书馆，2021（2024.3 重印）
（语文教师小丛书）
ISBN 978-7-100-20076-9

Ⅰ. ①文…　Ⅱ. ①张…　Ⅲ. ①文言文—教学研究—中学　Ⅳ. ① G633.302

中国版本图书馆 CIP 数据核字（2021）第 113407 号

语文教师小丛书
文言教学法
张必锟　著
张春莲　陈恒舒　编

商　务　印　书　馆　出　版
（北京王府井大街36号　邮政编码100710）
商　务　印　书　馆　发　行
北京市十月印刷有限公司印刷
ISBN 978 - 7 - 100 - 20076 - 9

2021年8月第1版　　开本 787 × 1092　1/32
2024年3月北京第2次印刷　　印张 11⅞　插页 6

定价：55.00 元

出版说明

本馆历来重视教育，自1897年创立迄今，以“昌明教育，开启民智”为宗旨，始终肩负中国新教育出版重任，编辑出版中小学、大学各科教科书，教学参考书，师范用书，移译各国教育书籍，分类编纂，精益求精，尤为教育界所欢迎。

我们确信，无论时代潮流如何变迁，教师始终应当具备丰富的文化知识。语文学科具有基础性和综合性的特点，语文教师尤其需要广泛吸取各类有益的思想文化知识，充实自己的头脑。承载这类知识的图书品种十分丰富。那些为语文教师所公认的经典好书，蕴含着丰富的知识思想和学术价值，值得反复阅读。过去，这些书或以单行本印行，或收入其他丛书，从语文教师文化知识积累角度而言，难成系统，不便于收集和查考。为此，我们在广泛征求意见的基础上，从满足语文教师专业成长需要出发，选择语文教育相关领域中为学界所公认和熟知的大家经典，汇编成“语文教师小丛书”，陆续编辑，分辑印行，以期相得益彰，蔚为大观，既便于教师研读查考，又有利于文化积累。

晚清教育家张之洞说过："读书宜有门径。泛滥无归，终身无得；得门而入，事半功倍。"愿这套丛书能够为语文教师指示一条读书的小径。希望海内外教育界、知识界、读书界给我们批评、建议，帮助我们把这套丛书出好。

商务印书馆编辑部

2017 年 1 月

作者照

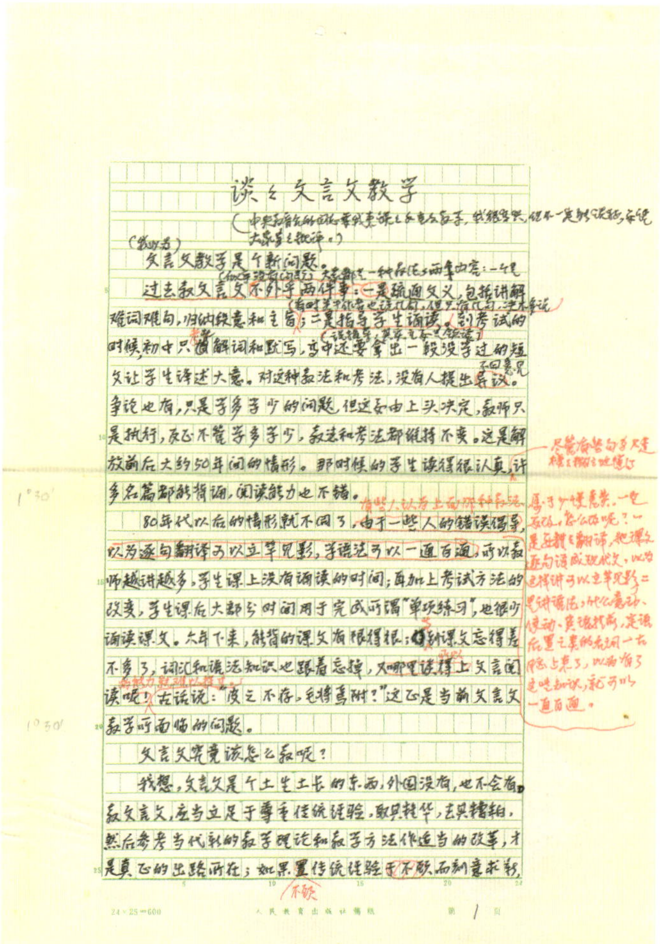

谈谈文言文教学

文言文教学是个新问题。

过去教文言文不外乎两件事：一是疏通文义，包括讲解难词难句，归纳段意和主旨；二是指导学生诵读。到考试的时候，初中只考解词和默写，高中还要拿出一段没学过的短文让学生译述大意。对这种教法和考法，没有人提出异议。争论也有，只是学多学少的问题，但这要由上头决定，教师只是执行，反正不管学多学少，教法和考法都维持不变。这是解放前后大约50年间的情形。那时候的学生读得很认真，许多名篇都能背诵，阅读能力也不错。

80年代以后的情形就不同了，由于一些人的错误倡导，以为逐句翻译可以立竿见影，学语法可以一通百通，所以教师越讲越多，学生课上没有诵读的时间；再加上考试方法的改变，学生课后大部分时间用于完成所谓"单项练习"，也很少诵读课文。六年下来，能背的课文有限得很；新课文忘得差不多了，词汇和语法知识也跟着忘掉，又哪里谈得上文言阅读呢！古话说："皮之不存，毛将焉附？"这正是当前文言文教学所面临的问题。

文言文究竟该怎么教呢？

我想，文言文是个土生土长的东西，外国没有，也不会有。教文言文，应当立足于尊重传统经验，取其精华，去其糟粕，然后参考当代新的教学理论和教学方法作适当的改革，才是真正的出路所在；如果置传统经验于不顾而刻意求新，

24×25＝600　人民教育出版社稿纸　第 1 页

作者手稿

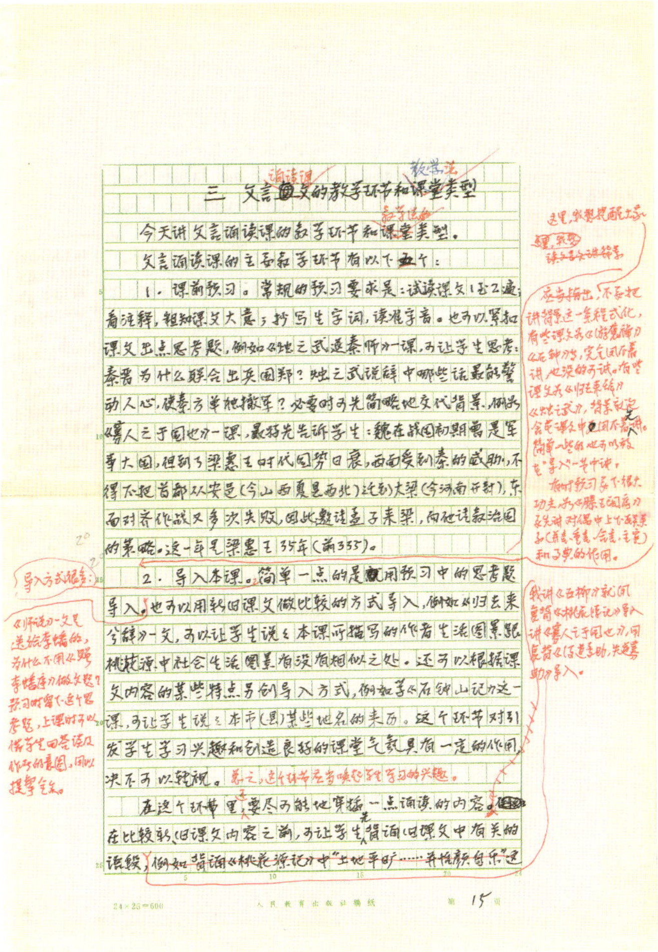
三 文言诵读课的教学环节和课堂类型

今天讲文言诵读课的教学环节和课堂类型。

文言诵读课的主要教学环节有以下五个：

1. 课前预习。常规的预习要求是：试读课文1至2遍；看注释，粗知课文大意；抄写生字词，读准字音。也可以紧扣课文出点思考题，例如《烛之武退秦师》一课，可让学生思考：秦晋为什么联合出兵围郑？烛之武说辞中哪些话最能警动人心，使秦方单独撤军？必要时可先简略地交代背景，例如《寡人之于国也》一课，最好先告诉学生：魏在战国初期曾是军事大国，但到了梁惠王时代国势日衰，西面受到秦的威胁，不得不把首都从安邑（今山西夏县西北）迁到大梁（今河南开封），东面对齐作战又多次失败，因此邀请孟子来梁，向他请教治国的策略。这一年是梁惠王35年（前335）。

2. 导入本课。简单一点的是用预习中的思考题导入。也可以用新旧课文做比较的方式导入，例如《归去来兮辞》一文，可以让学生说说本课所描写的作者生活图景跟《桃花源记》中社会生活图景有没有相似之处。还可以根据课文内容的某些特点另创导入方式，例如学《石钟山记》这一课，可让学生说说本市（县）某些地名的来历。这个环节对引发学生学习兴趣和创造良好的课堂气氛具有一定的作用，决不可以轻视。总之，这个环节是要唤起学生学习的兴趣。

在这个环节里，要尽可能地穿插一点诵读的内容。在比较新旧课文内容之前，可让学生先背诵旧课文中有关的语段，例如背诵《桃花源记》中"土地平旷……并怡然自乐"这

24×25=600　　人民教育出版社稿纸　　第15页

作者手稿

20 世纪 50 年代，作者（前排左四）在北京潞河中学与教师们合影

1998 年 8 月，人教版高中语文实验课本试教总结研讨会合影

（第一排右五为张必锟先生）

张必锟先生的文言教学法

张春莲

文言文应该怎样教，在中学阶段仍然是一个值得探讨的话题。相当数量的课堂仍然囿于考试要求的各种测评练习，教师往往在课堂上逐字逐句地结合文言语法讲解、翻译，要求学生课后机械地记忆背诵。这样的教学效果自然达不到学习文言文的要求。张必锟先生这本《文言教学法》，可以解决目前文言文教学上存在的问题。

张先生终生从事语文教学，又长期参与语文教科书的编写和试教实践，尤其对文言文教学有自己独到的见解，并总结出了一套行之有效的经验和方法。这些内容，在人民教育出版社2016年编辑出版的《我教语文——张必锟语文教育论集》中占了很大比重，而这本《文言教学法》对文言文教学的研究则更全面、更系统，既有对文言教法的整体介绍，又有教学中涉及的各个层面和系列；不仅从理论上强调了文言教学法的重要性，还结合了教材教学中的具体实例分析讲解；在循循善诱地对教师文言文教学进行引导的同时，科学有效地提升教师自身的文言素养。

张先生的文言教学法，有如下三点值得我们学习和借鉴。

一、文言文教学应该使用诵读教法

文言文是我国古代的书面语，建立在汉代以前的口语基础上，在长期的历史演变中，逐渐脱离了口语，变成了古奥难懂的书面语。中学阶段，尽管教科书所选的大多是浅易文言文，但由于其表达习惯与现代汉语不同，学生学习起来会显得比较吃力。那么，应该运用什么方法教学才科学有效？倘若采用传统的私塾教学的方法，学生对课文的学习只能是不得要领的死记硬背；如果专注于语法句式逐字逐句地翻译讲解，又会败坏学生的学习胃口。张先生通过几十年的摸索实践，认为，文言文具有简洁、典雅的特征，行文上讲究修辞技巧和节奏安排，且短句居多，学习中采用诵读法最为合适。正如刘勰在《文心雕龙·声律》中所说，文章的音节和谐，读起来“声转于吻，玲玲如振玉”，听起来“辞靡于耳，累累如贯珍”，是“以声画妍媸，寄在吟咏；吟咏滋味，流于字句”。

简言之，诵读教法就是以读带讲的方法。它吸取传统教法重视熟读背诵的优长，把学生的诵读活动置于教师有计划的指导下，强调在粗知大意的基础上熟读成诵。其显著特点是通过口诵心悟培养学生的语感和独立阅读能力。在这样的课堂上，以学生的诵读为主，教师的讲解为辅，讲是为读创造条件。而且，诵读主要在课上进行，课后诵读只是课堂诵读的补充。

诵读的每一个环节，都贯穿着教师的指导。例如，诵读前布置学生读课文、看注释和提示、画疑难点和关键语句；有时也可以布置思考题。这些工作必须在课前预习中完成，否则会影响课堂气氛、拖延教学进度。也可能根据具体情况采用非常规性的诵读引导，例如，张先生1997年在江西南昌“两省一市”（山西、江西和天津）新教材培训现场讲《五柳先生传》，课前为学生唱了一首江西民歌，课后背诵了王勃的《滕王阁序》，这些看似“多余之举”，却是用心在和学生交流，既能增强学生对老师的亲近感，更激发了学生进行诵读的兴趣。

诵读练习的方法灵活多样，教师的指导穿插在练习中，但都围绕着如何朗读和理解这个中心进行，给学生创造会意的条件。对朗读的指导要十分具体，教师可以范读和领读，训练学生凭靠对声音的直感，包括吐字、停顿、语气和语调等进行初步记诵，做到口熟；然后引导学生找出文章的支撑点，譬如名句、佳句、过渡句和段落的起结等，进行初步的理解记忆；再进一步，掌握文章理路，即探索作者行文意图，并弄清各个层次之间的内在联系。这样就可以使学生对课文的诵读“若出于吾之口”，到达理解记忆的地步，背诵自然就顺畅了。

诵读法进一步划分，还可以结合文体进行教学。议论文和内容比较深刻的记叙文适合导读型，因其逻辑性较强，教学重点放在对文章理路的理解上；抒情文章使用美读型，即鉴赏与表情诵读结合的类型，其重点在引导学生进入文章的境界中，从而触动学生的真情，诵读时才能够以情动人；内容比较浅显的记叙文采用自读型，教师要做好启发学生学习兴趣、统一安排进度、为学生答疑解惑、提出讨论问题等几件事。当然，这些方法常常不是单一使用，也可能两种兼而有之，关键还是教师不仅要有创造性，还必须有深厚的文言文功底，这样的教师上课才有灵性，课堂才会充满艺术性。

二、诵读之中对文言文知识进行科学艺术的指导

学习文言文，离不开对实词、虚词、文章断句、笔法运用的理解，也会涉及一些文化常识。对于学生通过自学

和查阅资料解决不了的问题，教师的指导作用就显得非常重要。张先生讲解实词会根据具体情况，采用相应的方法。

例如教《曹刿论战》中“公将鼓之”的“鼓”字，就用了“训诂”，因为从它的本义和字形上看是击鼓的动作，句中用的正是本义。还有“小大之狱”的“狱”字，中间是“言”字，两旁是“犬”，犬好斗，取“相争”意，以言相争，就是诉讼案件。而教《琵琶行》中“主人下马客在船”则用了“互文”，这样，就不会理解为主人立在岸边，客人上了船，而是主客一起下马，一起上船。张先生还提示，翻译实词有时是直译，有时则需要意译，应根据语言环境来确定，二者不可偏废。在指导中慢慢教会学生理解实词的方法：既可以通过字形理解，还可以从字的本义和引申义方面入手。并提示要边学习边积累，有了一定的积累数量，就可以提高对实词的理解力。

虚词教学主要是审辞气，辅之以语法知识。审辞气要结合诵读学习，因为文言文是一种书面语，且过去的习惯是不加标点，虚词在文章中的大量使用就是为了适应这种情况。有了虚词，就知道该在何处停顿，作者要表达什么语气，所以必须要朗读，否则虚词的作用就不会明白。张先生以《醉翁亭记》连用21个“也”字为例，认为这是一个“创造性地使用虚词的一个范例，读来只觉得神采飞扬，摇曳生姿，而绝无单调重复之感”，其奥秘就在于读起来不疾不徐，自然合拍，还能准确表达政治清明、社会安定、作者与民同乐的生活。学习虚词还应该使用比较的方法，比如《岳阳楼记》中“薄暮冥冥，虎啸猿啼。登斯楼也，则有……”中的“也”字，可以尝试去掉“也”字后再读，就会发现其作用在于连接上文的写景和下文的抒情。当然，理解虚词的表达作用，最重要的是一定要结合上下文语境，还要抓住时机，引发学生讨论的兴趣，然后再简要讲解语法知识，这样教学虚词就能比较到位了。

张先生对学生的指导不仅仅局限于诵读方法、文言实词、虚词的理解，更是涉及文言知识的方方面面，例如文言文的断句、笔法和文化常识等。这些内容，也都结合了中学文言课文实例，读起来诙谐有趣，易于学习。

文言课文的朗读，尽管有标点，但是句中的停顿如果错了，意思也会大相径庭。张先生举《登泰山记》中“望晚日照城郭”为例，如果句中停顿到“望”的后面，就可能翻译成“望着傍晚的太阳，正照在城上”，这样就错了，应该停在“晚”的后面，“望晚”是“向晚”“临近黄昏”的意思。此外，有人名的句子也要注意，比如“与知府朱孝纯子颖由南麓登”一句，应该在“颖”字后面短暂停顿，因为朱孝纯是名字，子颖是他的字，倘若停到“子”的后面，就会使人误认为跟作者一同登山的不是知府朱孝纯，而是他的儿子“朱颖”了。

在谈文言文的笔法运用时，张先生讲到了换字法、省字法、炼字和避讳，还有修辞方法的借代和设喻等。如《捕蛇者说》中避讳的运用，文章写于唐代，对李世民的名字却讳“民”不讳“世”，原因是符合古代讳法中的“二名律”，答案在韩愈的《讳辩》里。《桃花源记》中以“黄发垂髫”代老人和孩子，给人以栩栩如生的感觉，加之以“怡然自乐”形容，创造出了一幅和平幸福的生活图景。至于省字法，符合文言文简洁的特色，特别是叙述到某一事件，须作者表明态度时，句中就用或褒或贬的词语概括交代。比如《鸿门宴》末句“沛公至军，立诛杀曹无伤”，“诛杀”是贬词，意思是明其罪而杀之。曹无伤通敌，该杀。如何杀是不必交代的。

教科书中的文化常识，张先生也在书中作了分析和解说，包括古代的战车、纪年法、天区的划分、占星术、乐律乐器、宴会的座次等，且结合实例，分析得生动活泼。例如讲战车的用途，说它除了作战、运送军械粮草，还可以在驻军时两辆车向空仰起，使两个辕相向交接，成为半圆形的门，就叫“辕门”。这样的知识扩展到了课外，喜欢欣赏古代戏曲的人遇到相关内容，自然心领神会。讲天区的划分，不仅会明白《蜀道难》《赤壁赋》等涉及的相关知识，对课外阅读古文和古典小说都有帮助。这样的例子在书中比比皆是，看似信手拈来，却体现了张先生好学钻研、精益求精、注重阅读积累的精神。

三、教好文言文，教师必须有深厚的知识积淀

张必锟先生1952年从北京大学毕业后从事中学语文教学，刚开始工作就养成了两个习惯：朗读和查资料。他说，对课文的朗读，开始只是为了给学生示范，慢慢发现了朗读的好处：思想感情与作者靠近了，对理清思路和把握文意也很有好处。例如读《醉翁亭记》，最初对“名之者谁？太守自谓也”一句的造句方式很不理解，以为“自谓”二字多余，但又不能删，删去则跟下文脱钩；读了十多遍才悟到“太守”应作一顿，再用自得的心情、解释的口气读“自谓也”三字，文意自然贯通。接着用比较的方法，把首段的前八个“也”字去掉，只保留最后一个，通过反复朗读，又发现文中“也”字虽多，却关系到文章的神韵，一个也不能删。朗读得多了，张先生得出结论：朗读对理解课文好处很多，能正确划分节奏，能体会每个词语的语气

轻重，更能揣摩作者的写作意图和思想感情。

张先生重视朗读，对所有课文都达到了熟练背诵的程度。我与张先生的认识并结缘，也源自于他对课文的背诵。1997年11月，“两省一市”（山西、江西和天津）的实验教材培训会在南昌召开，报到的第二天早晨，我看到一个瘦瘦的小个子老头正与人教社顾振彪老师谈话，他说：“昨晚失眠，我倒背了两遍《孔雀东南飞》才入睡。”张先生不仅背诵课文，与课文相关的内容也背诵，总计背诵有一千多首古诗和近百篇古文。他上文言文课，无论是范读全文还是随意抽取相关段落和句子讲解，都是不看课文的，凡是要求学生背诵的，都能先背给学生听。张先生之所以在文言文教学中采用诵读法，可以说源于自己的切身体会。

朗读中发现了疑难，就有了第二个习惯——查资料。如今有了网络，查阅资料非常方便，但是，也存在资料来源不明、内容有误的现象。张先生全凭自己到图书馆查阅，边查边抄，从而大大地扩充了阅读范围。例如讲《鸿门宴》，就阅读《项羽本纪》全文和《秦楚之际月表》，再读班固的《高帝纪》和《项籍传》，通过比较，深入理解项羽的悲剧性格，并能看出史家对人物的态度。更多的时候，阅读和查资料超出了课文的范围，但能扩大眼界，也是一种知识的积淀。这两个习惯张先生保持了一辈子，他认为，要做到这两点，贵在坚持，否则，“掘井九轫而不及泉，犹为弃井也”，浅尝辄止，犹当禁绝。

把读课文和查资料的所得记下来，就成了教学笔记。张先生的教学笔记，有阅读体会，有教学思考，还有对实词、虚词的系统整理。张先生有一个统计，在开始教学的十多年间，他写的教学笔记就有100多万字。从20世纪80年代开始，他又受20多家出版社邀请，参与教材和教参的编写，为报纸杂志写文章，总计有400多万字。

张先生不仅阅读与教材教学相关的内容，他的阅读范围非常广阔。他读《文心雕龙》，以掌握文章学理论；重读“四书”和“前三史”中的纪传体部分，用于对文言虚词的研究，也提高了对课文的认知；他学习《说文解字》和《尔雅》，以帮助理解实词的含义。很多人知道张先生酷爱音乐，还会弹钢琴、拉小提琴，如果阅读本书中关于乐律乐器的内容，就会发现他还学习过中国古代音乐知识。他的阅读习惯一直保持到了晚年，每年去看望张先生，听他谈得最多的仍然是读书。

这些内容，似乎与文言文教学距离较远，但是，阅读就是积学，积学如积水，“水之积也不厚，则其负大舟也无力”。读书须有江海之志，能容点滴之水。知识积淀厚实，教学就能左右逢源，也能提高教师自身的文化素养和精神气质。张先生用他的一生证明了这个观点。

2021年2月3日于太原南华门

目　录

文言教学

实词译解

虚词随笔

断句指津

笔法漫谈

文化常识

文 言 教 学

谈谈文言文教学

中央教科所的同志邀我来谈谈文言文教学，我很高兴，但不一定能说好，要请大家多多批评。

我以为文言文教学是个新问题。

过去教文言文似乎没有问题，大家都是一种教法，两个内容：一个是疏通文意，包括讲解难词难句，归纳段意和主旨，有时关于作者也说几句，但只有几句，决不多说；二是指导学生诵读，说指导，其实主要是领读。到考试的时候，初中只考解词和默写，高中还要拿出一段没学过的短文让学生译述大意。对这种教学和考法，没有人提出不同意见。争论也有，只是学多学少的问题，但这要由上头决定，教师只是执行，反正不管学多学少，教法和考法都维持不变。这是解放前后大约50年间的情形。那时候的学生读得很认真，尽管有些句子只是模模糊糊地懂了，许多名篇都能背诵，阅读能力也不错。

80年代以后的情形就不同了，有些人认为上面那种教法属于少慢差费。一定要改，怎么改呢？一是要讲讲翻译，把课文逐句译成现代文，以为这样讲可以立竿见影；二是讲语法，什么意动、使动、宾语提前、定语后置之类的名词，一股脑儿上来了，以为有了这些知识，就可以一通百通。所以教师越讲越多，学生课上没有诵读的时间；再加上考试方法的改变，学生课后大部分时间用于完成所谓“单项练习”，也很少诵读课文。六年下来，能背的课文有限得很；等到课文忘得差不多了，词汇和语法知识也跟着忘掉，所以文言阅读的能力就难以提高。古话说：“皮之不存，毛将焉附？”这正是当前文言文教学所面临的问题。

文言文究竟该怎么教呢？

我想文言文是个土生土长的东西，外国没有，也不会有。教文言文，应当立足于尊重传统经验，取其精华，去其糟粕，然后参考当代新的教学理论和教学方法作适当的改革，才是真正的出路所在；如果不顾传统经验而刻意求新，以至盲目套用外国的经验，其结果必定是事与愿违。为此，我打算谈以下四个问题：

一、文言文的性质和特点。

二、文言诵读教学法。

三、文言诵读课的教学环节和教学法类型。

四、文言词语教学。

一、文言文的性质和特点

今天先讲第一个问题：文言文的性质和特点。

这个问题很重要，因为文言文的传统教学法是把诵读放在所有教学环节的中心位置上，要通过诵读培养语感，用宋人朱熹的话来说，就是“使其言若出己之口”，而这种教法正是适应着文言文的性质和特点产生的。必须首先了解文言文的性质和特点，才能认识这种教法的实质。我们采用新的教学法，提倡百花齐放，也要注意这个问题，要使花儿开得鲜艳，须有好的土壤。这土壤就是文言文的性质和特点，离开这个土壤，花是放不起来的。

就性质来说，文言文是古代的书面语体，是用文字写出来供人们阅读的。书面语体跟口语是什么关系呢？简单地说，就是它既来自口语，又跟口语相分离。古代的口语我们虽没听过，但读过的一例为《红楼梦》，就是用口语，那是雍正乾隆时代的口语，已经跟现在比较接近了。再远一点我们还可以看宋人的话本，例如《大宋宣和遗事》里头有一段，记宋江从九天玄女殿后出来，看见香案上放着一本天书，打开一看，里头有一首诗，写的是：“破国因山木，兵刀用水工。一朝充将领，海内耸威风。”接着又写道：“宋江读了，口中不说，心下思量：‘这四句分明是说了我里姓名。’”你看，宋江这句潜台词就是很地道的口语，如果用文言来表述，那就应该是“此明言我姓名也”，比原话少五个字。还有一段记宋徽宗微服到了李师师家，开头谎称是殿试秀才，可是一见李师师的面就忘乎所以，说出自己的真实身份，李师师吓了一大跳，以为他搞讹诈，连忙出去告诉她娘：“娘，你可急忙告报官司去，恐带累咱们！”这也是口语，如用文言表述，只需七个字：“娘急告官，免累及！”从这些记载可以看出，文言和口语是不相同的。

作为书面语体的文言文，有两大特色：第一是简洁；第二是典雅。下面分开来讲。

先说简洁。简洁并不是文言文所专有，现代书面语也讲求简洁，行文不拖泥带水，不说废话，但文言文要求更高，要用极少的字眼表达尽可能多的内容，概括地说，叫作“文约而意丰”。分三点讲：

首先讲用字。文言文很讲究用字，这是孔夫子留下来的传统，正式的说法叫“微言大义”，通俗地讲，叫“一字褒贬”。例如《春秋经·鲁隐公元年》有这样的记载：“夏，五月，郑伯克段于鄢。”“段”，是郑伯的亲弟弟共叔段，有夺取政权的野心，郑伯趁他起兵造反之机杀了他，孔子就用“克”这个字来揭露郑伯兄的罪过，哥哥不像哥哥，弟弟不像弟弟，如同对立的两国。后来，这个传统扩大到无论写什么都讲究把许多意思浓缩在一两个字眼里。例如孟子说的“域民不以封疆之界”，“域”，原义是划定区域，用在这句话里又多出“防止外流”一层意思，反映了战国时期诸侯国君征兵的需要和人口流动频繁的状况。又如韩愈说的“人其人”（《原道》），前一个“人”字，语法家们好讲名词活用为动词，还有区分意动还是使动，这有什么用？这个“人”字就反映了他反对佛道的坚定立场——在他看来，佛道之人无父无君，不能算作人，所以要使他们变回来，成为真正的人；如果把这句话改成“使其人还俗为民”，他的立场就被淡化了。范仲淹有一篇《严先生祠堂记》，严先生就是严光，东汉开国皇帝年轻时的朋友，毛主席诗句“观鱼胜过富春江”就是指他说，这篇文章的结尾是一首诗：“云山苍苍，江水泱泱，先生之风，山高水长。”这是改过了的，“风”，原作“德”，是个抽象字眼，跟下句“山高水长”不相配；而“风”有“风范”“风采”等义，一字之易，使严光超尘脱俗的形象宛然长存于山水之间。

其次说语汇。文言语汇也大多有丰富的内涵，有许多一直保存到今天，例如“居安思危”，讲治国的道理；“谦受益，满招损”，讲对人的态度；“厚积薄发”，讲治学的道理；如此等等，都足以警动人心，发人深思。附带说说，文言的造语简练对现代语也是有影响的，例如我们现在说的“抓纲带目”“南水北调”等都是仿文言造出来的，如果把这类语汇都改写成当代的口语，例如“使南方水流到北方来”，既费事，又不易记住。这方面的现象我们看得很多，不需要多讲。

文言文的简洁还表现在行文上常省略某些不言而喻的意思。例如孟子“有为者，譬若掘井；掘井九轫（仞）而不及泉，犹为弃井也”这句话，意思是有作为的人做事，就像挖井一样，要不停地掘下去，直至看到泉水为止；如果挖了九仞深没有见到泉水就停下来，就等于挖了一口废井。但文中却没有“必及泉而后止”一类的话，因为这是不言而喻的。这种省略跟语法省略不同，如“君与俱来”“此人可就见，不可屈致也”。欧阳修《醉翁亭记》有这样一段话：“峰回路转，有亭翼然临于泉上者，醉翁亭也。作亭者谁？山之僧智仙也。名之者谁？太守自谓也。”初读，往往以为答语中多出“自谓”二字；其实这句话妙就妙在“自谓”二字上，因为上文已指出亭名叫“醉翁”，所以“名之者谁”一问中还暗含“醉翁者云何”一问，答语正是兼顾这二句的，先说“名之者”，后用“自谓”说出命名用意，往下再说自己以“醉翁”为号的缘故，更显得顺理成章。若将两问一一写出，则失之繁冗。又如《三峡》中“清荣峻茂”四字，形似一语，而实为四个独词句，即“水清，树荣，山峻，草茂”。这种简洁的行文方式在现代文中是找不到的。

此外，用典也是文约而意丰的一种表现，但用典的主要功能是使行文显得典雅，这一条要放到下面讲。

再说文言文的第二大特色：典雅。“典雅”的通俗解释是优美，不粗俗；说得确切些，是“文辞有典据而雅驯”——这是《辞海》里的注文，我们就依此分两点来讲。

有典据，习惯上也叫“有出处”，意思是文中用语出自前代的典籍。杜甫可算是这个方面的模范，由于“读书破万卷”的缘故，在他的诗文中，除常用词语外，都是有出处的。试以《兵车行》第一段为例：

“车辚辚”，“辚辚”出自《诗经·秦风·车邻》：“有车邻邻，有马白颠。”

“马萧萧”，“萧萧”出自《诗经·小雅·车政》：“萧萧马鸣，悠悠旆旌。”

“耶娘”，出自古乐府：“不闻耶娘唤女声。”

“尘埃”，出自《楚辞·渔父》：“而蒙世之尘埃乎。”

“牵衣”，出自曹丕诗句：“妻子牵衣袂。”

“干云霄”，出自孔稚珪《北山移文》：“干青云而直上。”

这一类典据限于词语的运用，词语有出处，才显得庄重、优美。

还有一类典据，叫典故，有的出自历史上著名的故事，叫事典，也叫用事；有的是著名典籍上现成的话，叫语典。语典入文一般要指明来源，例如“孔子曰：三人行，则必有我师”“孔子云：何陋之有”；有时也可以化入文章，不指明出处，如“圣人无常师”“悟已往之不谏，知来者之可追”，这些话都出自《论语》，却不是孔子说的，无须指明出处。事典本身就是史实的高度概括，如“龙光射牛斗之墟”“徐孺下陈蕃之榻”（《滕王阁序》），无须指明出处；大多用于比拟或烘托，其韵味全凭读者自己去领会。如《石钟山记》中用“周景王之无射”和“魏献子（庄子）之歌钟”比拟水石相搏之声：“无射”是十二律中的第十一律，音高仅次于“应钟”，比喻声音的洪大、嘹亮；“歌钟”可使人产生五音繁会的想象。在《滕王阁序》里，“望长安于日下”用晋明帝答元帝问事，有“日近长安远”之意，“奉宣室以何年”则是作者以贾谊比喻自己，都深刻地表现出作者的逐客之悲。

用语典，可使行文显得庄重，能以理服人；用事典，可使行文显得含蓄有致，能以情动人。

再说雅驯。雅驯，就是有文明人的风度，出语庄重得体，含蓄委婉，彬彬有礼。这方面的例子，在课文里比比皆是，如：

“齐桓晋文之事，可得闻乎？”这是齐宣王对孟子说的话。孟子当时已70多岁，齐宣王却很年轻，如果说“齐桓晋文之事，愿先生为寡人言之”，就显得对长者不够尊敬。

“诺，恣君之所使之。”这是赵太后对触龙说的话，表明她改变了早先的僵硬立场，同意让长安君为质于齐，以换取齐的援兵。为什么她不直说“诺，使长安君为质于齐”呢？因为这有损她的身份。改成这种说法，既回避了先前的错误，又有对老臣表示尊重的意思，十分庄重得体。以上是对话，再看叙事：

《崤之战》中记晋大臣先轸发现秦囚被释放，上朝问晋襄公，听襄公的解释后，他很不满意，向襄公吐了一口唾沫，但文中不说“唾其面”，而说“不顾而唾”。这是为尊者讳，很得体。

《陈情表》记作者幼年遭遇，说“行年四岁，舅夺母志”。“夺”是改变的意思；“母志”未明说，当然是指母亲守节之志，此志既“夺”，就是改嫁了。如果把这个意思照直说出，则是“舅逼母嫁”，这就显得粗俗不堪了。

在抒情文中，这种雅驯的风格表现得尤其明显。例如韩愈《祭十二郎文》中这一段：“嫂尝抚汝指吾而言曰：‘韩氏两世，惟此而已！’汝时尤小，当不复记忆；吾时虽能记忆，亦未知其言之悲也。”又如归有光《项脊轩志》中这一段：“庭有枇杷树，吾妻死之年所手植也，今已亭亭如盖矣。”这两段话都是情浓而语淡，确有“哀而不伤”的境界。

书信也很讲究风度，出言有礼。读古人的书信，可以想见其为人。我想举一个非常特殊的例子，这就是《赤壁之战》里所节录的曹操给孙权的信：“近者奉辞伐罪，旌麾南指，刘琮束手。今治水军八十万众，方与将军会猎于吴。”这是一封战书，然而出语从容不迫，彬彬有礼。

“雅驯”一词的含义很广，但主要是指风度、风致说的，文言既是书面语体，自然要有良好的风度，要庄重得体，含蓄委婉，出语从容不迫，彬彬有礼，这样的风度跟我们这个文明古国才是相称的。

今天所要讲的就是这些，把以上讲的概括成一句话就是：文言文是在古代汉语口语的基础上，经过加工提炼而形成的一种以简洁、典雅为特征的书面语体。认识文言文的这种性质和两大特征，对我们选择正确的教法具有重要的意义。

二、文言诵读教学法

今天讲文言文教法。为什么题目叫“文言诵读教学法”？大家知道，教文言文，也跟教现代文一样，方法总是因人（教师、学生）而异，因课文（体裁、难易程度）而异，不会千人一面，这说的是具体教法；如就基本教法而言，那就恐怕只有一种：用诵读贯穿教学的全过程。现在人们都喜欢用公式来说明问题，我想仿此也造一个公式：文言教学法=诵读+教师+学生+课文体裁和难易程度。诵读是个常数，其余都是变数。把常数和变数结合在一起，这就是全部教法，就是共性和个性的统一。

这种基本教法即诵读教学法是否合乎文言文的学习规律呢？

在回答这个问题之前，我们应当承认一个事实：学语言离不开语感，而语感首先来自听觉。大家知道，一岁左右的幼儿，尽管还不会说话，只要听觉好，就能辨知某些简单词语的意思；而哑童之所以哑，往往是由于先天性耳聋，故有“十聋九哑”之说。语者，声之文也，能辨知语音，就是语感的萌芽，所以学语言一定要听得多才行。这个道理并非现代人的新发现，我们的先人早就知道。《孟子》书中有这样的记载：有一次，孟子问宋大夫戴不胜：“一位楚国大夫想让儿子学会齐国话，是请齐人来教，还是请楚人来教呢？”戴答道：“请齐人来教。”孟子接着说：“一个齐人教他，许多楚人打扰他，即使天天用鞭子打他，逼他说齐国话，也难以学好；如果把儿子带到齐国首都住上几年，那就自然学会了。”这叫作“置之齐则齐语，置之楚则楚语”，听得多，语感强，学起来也就容易得多了。

我们学文言，而文言只是书上才有，平时说话不用，想听是听不到的，谁也无法改变这个事实，除非真有《镜花缘》里写的那么一个“淑士国”，连饭馆里跑堂的也用文言说话。可惜，这只是小说家的虚构。要听，就得自己读出声来，叫口诵耳听。旧时所谓“童子功”，就是这么练出来的。“童子功”的作用不只是能背诵几万乃至十几万字，还在于经过长时期的口诵耳听养成了很强的语感。由此可见，诵读实在是学习文言文的必由之路。这是从书面语的一般性质来说的。

特殊地说，文言文由于具有简洁、典雅这两大特征，又十分宜于诵读。简洁、典雅之文在行文上是很有讲究的：

一是讲究修辞技巧，总有一种从容不迫的风度；二是讲究语句节奏的安排、语调的抑扬顿挫和语气的表达，务求有音乐感，读来悦耳动听；三是讲究造句的艺术，以短句居多，而于长句则力求内部的层次明显可辨，使读者容易明白它的意思。这样读下来，不过一年半载就可以“入境”，就会觉得读文言文是一种美的享受。待到三五年后，熟读背诵了几十篇文章，熟悉掌握了大量的词语和句式，再读浅易些的文言新篇就不会有很大的困难了。

把上面说的归纳起来，有两点意思：一是学文言文同样需要语感，培养语感离不开听觉的作用，而文言文书面语体，只有用口诵耳听的办法，才能达到培养语感的目的；二是文言既有简洁、典雅两大特征，因而格外宜于诵读。据此我们可以对前面的问题作出肯定的回答：用诵读贯穿教学全过程的教法是完全符合文言文的学习规律的。

可能，有人认为这种教法是复古了，跟三味书屋差不多了。这就涉及我们对传统教法的认识。我上次已经说过，对传统教法要取其精华，去其糟粕。什么是它的糟粕呢？我以为主要有三条：其一是读经，每部经书都要从头读到尾，鲁迅在三味书屋时就是这么读的。其二是以教师为本，“发明圣人旨意”，给学生灌输封建的思想、道德和伦理等观念，这方面的情形，看看《红楼梦》第82回“老学究讲义警顽心”这一部分就知道了，讲的是“后生可畏”“吾未见好德如好色者也”两章，尽管其中也有学生试讲，有师生交流，但主体仍然是教师，是贾代儒，讲的正是“圣人旨意”，苦口婆心地教导宝玉要按圣人旨意行。其三是虽然重视背诵，但教师的责任止于督促，从不给予指导。至于精华呢？那就是把基点放在诵读上，学生整天都要琅琅而读，如白居易，他就读得“口舌成疮”。我们提倡背诵，当然不能走老路，尽管读经的做法早在民国之初就已经被取消了，但灌输式的教法和强迫学生背诵的做法对我们的影响仍然不可低估，许多教师一到讲文言文就实行“满堂灌”，而将背诵练习放于课外，就是这种影响依然存在的证明。这两种做法是当前文言文教学效果甚微的主要原因所在，必须予以革除，而革除它们的唯一办法就是用诵读来贯穿教学的全过程。

以上说的是诵读的必要性。

这个办法是否行得通呢？我想用事实来说明，早在1985年人教社就开始试验了，它的高中实验教材按年级依次称为《文言读本》《文学读本》和《文化读本》，《文言读本》供高一用，用的就是诵读法，试教结果证明：它不仅行得通，而且是卓有成效的。经过科学的检测，试验班学生文言文阅读能力提高得很快，在历次高考中他们的成绩都高于非试验班的学生。更加出人意外的是，刚学完《文言读本》的高一学生，跟高三学生同时参加高考，平均成绩也超过了高三学生。我参与了这项试验，对其中情形略知一二。这项试验已经进行了15年，积累了相当丰厚的经验。从教学实践的情形来看，诵读教学法有以下三个特点：

第一，学生成为课堂的主人，大多增强了参与意识，学习很投入，这就从根本上改变了过去上文言文课事前不预习，只等课上听老师讲，记笔记，到考前再复习的状况。具体表现在三个习惯的养成上：

一是课前预习的习惯。从前的经书，虽有注释，但用的是文言，又大多是“发明圣人旨意”的话，所以不易看懂，学生不预习并不足怪。我们现在的注释旨在疏通文意，用的是现代语，认真看看，必要时再查查字典，至少也能读懂十之六七，学生养成了课前预习的习惯，自己读懂了十之六七，到课上才能将大部分时间用于练习背诵并回答教师提出的问题。

二是自觉诵读的习惯。过去把背诵练习放在课后进行，使学生滋生出“为老师背诵”的想法，视背诵为负担，这是很可笑的，但事实就是这样，你有什么办法？现在呢，把背诵练习放到课堂上来，学生为争取能当堂成诵或基本成诵，这就有了自觉背诵的要求，时时鞭策自己，力求背得流畅。

三是自己领悟的习惯。文言文中有许多语句含义丰富，不能只看字面；只看字面而不仔细品味其中的含义，读起来定会觉得淡乎寡味，对记诵没有好处。学生既有心将文章背下来，就会在反复诵读的过程中用心去想想某些语句的内在含义，即便是若有所悟而说不出来，也比那种机械背诵方式要好得多。

学生有没有参与意识，这是关系到文言文教学成败的大问题。现在，仍有不少教师一上文言课就逐句翻译课文，拿一些深奥的语法术语吓唬学生，使学生完全处在被动状况，这就等于给他们的参与意识套上枷锁。这种做法如不改变，学生仍停留在“为老师而背诵”“为考试而学文言”的状态上，就很难学好文言文。以上说的是诵读教学法的第一个特点，学生是课堂主人，有强烈的参与意识。

第二，把记诵放在科学的基础上。

人的记诵能力有高低之分，这是无法回避的事实，但记诵能力又是可以培养的。就拿背诵文言文来说，开始练习时就比较难，成诵的速度较慢；等到背过七八篇后，速度就渐渐加快了，这是因为大体上熟悉了文言文构句方式的缘故。俗话说：熟能生巧。巧，就是事物的规律，抓住了规律，按规律办事，事情就变得容易些了。

文言文的记诵有哪些规律呢?

首要之点是要循序渐进，每读一遍都有一遍的收获。首先要读得顺畅，这包括字音正确和节奏恰当。学生在课前预习中不大可能完全做到，但在起始课上经过听教师或录音范读后再读一两遍即可做到。再读，还兼有进一步熟悉课文大意的作用，为分析全篇理路的先导。其次，分析全篇理路也要伴之以读，找出前后关联的语句以及文中的警语或精彩语，使学生对课文有较好的整体感知。再次是逐段练习背诵，长的段落可以划分成几小层练习背诵，这是很关键的一步，要先让学生读两三遍，基本上达到口熟，看一眼即可读出十余字，然后就内容提问学生或回答学生的问题，也要指点语气和语势，用讲讲背背的方式，逐步深入文章中的境界，“使其言若出己之口”。最后连贯背诵全文，发现问题后还可以再提问学生或给予点拨，以促进记忆。

其次，要正确处理理解记忆和机械记忆的关系。

我们指导学生背诵，基点自然是放在理解记诵上，但根据中学生的实际情况，有个别语句理解模糊，一时把握不了，也无害于背诵，可以先背下来，以后再求得正确理解——这就是说，少量的机械记忆成分是可以容许的。我们这代人就有这样的体会：小时候背过的古文中有许多话是长大后才真正理解的。文言文是需要“反刍”的，这跟它的简洁、典雅两大特征有关，背下来才能“反刍”，才能变机械记忆为理解记忆。

对理解记忆的要求，范围和程度都要适中，范围不宜过宽，程度不宜过深。主要之点有两个：一是要了解文章的全局和各个局部的联系，特别是要了解它主体部分的内容。例如《烛之武退秦师》这篇课文：烛之武在秦晋兵临城下的局势中，秘密会见秦君，抓住秦晋之间的矛盾，说服秦君退师，晋侯也随之撤军，终于保全了郑国——这是文章的全局；文章按时间顺序依次写被围、出使、见秦君、秦师退、晋师亦退——这是文章的各个局部；烛之武的说辞——这是主体部分；烛之武先说亡郑无益于秦，次说亡郑所以亡秦，这个顺序不能颠倒——这是说辞的内在逻辑。二是要了解重要语句的内涵，例如“以其无礼于晋，且贰于楚也”，“无礼于晋”是宿怨，“贰于楚”则对晋构成威胁，可见出兵围郑主要是为了晋的利益；但秦也想染指中原，从下文“使杞子、逢孙、杨孙戍之”看得出来。

大局、局部、主体部分看得清，重要语句的内涵也理解，这样来背诵全文，有什么难的？这是诵读教学法的第二个特点。

第三，教师的职责是导引、启发、点拨。

在课堂上，教师应当以平等的身份跟学生一起诵读，必要时应给学生作背诵示范，这样才能跟学生打成一片，活跃课堂的气氛。但他又不是这个群体中普通的一员，他有导引学生、启发学生、点拨学生的职责。导引，就是指出学习的方法和步骤，例如指出课前预习中应做好哪些准备；运用“导入”这个环节为学习本课创造良好的气氛并指出学习的要领；恰当地安排诵读的进程；介绍课外读物等等。启发，就是在疏通文意、归纳段意和主旨的过程提出恰当的问题，让学生自己做出结论。点拨，就是用三言两语给学生排疑解惑。

在这样的课堂上，教师是很轻松的，因为他所说的都是植根于自己头脑中的东西，包括钻研课文的心得和读有关资料而真正被自己消化了的知识，这些都具有鲜明的个性色彩，也富于感染力和说服力。我们的学生很聪明，他们能判断自己的老师是不是简单地充当教学参考资料的传声筒，是不是有自己的见解。这样教文言文，学生还能从中学到书本以外的许多有用的东西。榜样的力量是无穷的。

关于文言文的诵读教学法，就说这么多。上面说的，只是给这种教法勾画了一个轮廓，文言诵读教学法还有许多细节问题，要留到下面去讲。

最后还要讲几句题外的话。真理原是很简单的：文章要一篇一篇地读，词语要一个一个地学。毛泽东同志曾说过："今日记一事，明日悟一理，积久而成学。"用诵读法来学文言，就是照这个精神办的，可有些人就是不愿采用，以为这么学是少慢差费，他们想的是"毕其功于一役"。所以，《孟子》一书三万余字，刚学了几百字就要讲孟子的民本思想；《庄子》一书十余万字，刚开始学《逍遥游》前半篇，就要讲他的哲学思想。又好讲语法，以为学会"使动""意动""宾语前置""定语后置"之类的术语，文言文即可无师自通。照这种讲法，学生如坠五里雾中，迷不得出，哪有诵读的余暇？如此好大喜功，其结果如何，大家已经见到，无须多说。看来，韩愈老夫子说的"不塞不流，不止不行"这句话，确实值得我们深思。

三、文言诵读课的教学环节和教学法类型

今天讲文言诵读课的教学环节和教学法的类型。

文言诵读课的主要教学环节有以下五个：

1.课前预习

常规的预习要求是：试读课文1至2遍；看注释，粗知课文大意；抄写生字词，读准字音。也可以紧扣课文出点思考题，例如《烛之武退秦师》一课，可让学生思考：秦

晋为什么联合出兵围郑？烛之武说辞中哪些话最能警动人心，使秦方单独撤军？必要时可先简略地交代背景，例如《寡人之于国也》一课，最好先告诉学生：魏在战国初期曾是军事大国，但到了梁惠王时代国势日衰，西面受到秦的威胁，不得不把首都从安邑（今山西夏县西北）迁到大梁（今河南开封），东面对齐作战又多次失败，因此邀请孟子来梁，向他请教治国的策略。这一年是梁惠王三十五年（前335）。

这里，我想提醒大家，不要把讲背景这一条程式化，有些课文如《游褒禅山记》《石钟山记》等，完全用不着讲，也没的可讲。有些课文如《归去来兮辞》《烛之武退秦师》，背景就包含课文中，用不着先讲。简单一些的也可以放在“导入”一节中讲。

有时预习要下很大功夫，如《滕王阁序》要先讲对偶中上下联关系（并言、重言、合言、主宾）和事典的作用。

2. 导入本课

导入方式很多：简单一点的是用预习中的思考题导入，例如《师说》一文是送给李蟠的，为什么不用《赠李蟠序》做文题？预习时留下这个思考题，上课时可以借学生回答谈及作者的意图，用以提挈全文。也可以用新旧课文作比较的方式导入，例如《归去来兮辞》一文，可以让学生说说本课所描写的作者生活图景跟桃花源中社会生活图景有没有相似之处。还可以根据课文内容的某些特点另创导入方式，例如学《石钟山记》这一课，可让学生说说本市（县）某些地名的来历。这个环节对引发学生学习兴趣和创造良好的课堂气氛具有一定的作用，决不可以轻视。总之，这个环节应当唤起学生学习的兴趣。

在这个环节里，还要尽可能地穿插一点诵读的内容。在比较新、旧课文内容之前，可让学生先背诵旧课文中有关的语段，我讲《五柳先生传》就用复背《桃花源记》导入，讲《寡人之于国也》用复背《得道多助，失道寡助》导入；在运用其他导入方式时，无妨读读新课文中点明主旨的某些语句，例如学《过秦论》，可以先诵读“然秦以区区之地……仁义不施而攻守之势异也”这一段。

人们常说：“良好的开始，是成功的一半。”创造性地运用这个环节是完全必要的。

3.统摄全篇

这其实是诵读的准备。有这样的准备，学生才能按教师设计的顺序，一段一段地背诵。犹如登山，先了解沿途所经之地及道路概况，才有攀登的信心，一步一步地去实现达到顶峰的计划。可分为两个小的环节：

（1）通过诵读进一步熟悉课文大意。要根据课文内容的深浅程度和行文的特点灵活地运用诵读的方式。凡叙事作品，一般都可以让学生齐读或轮读；而抒情作品及议论作品，一般可选个别学生范读，或在学生齐读后由教师作范读。

在诵读过程中，可以捎带讲几个有碍疏通文意的词语；对文中重要而又比较难解的语段还要提示学生诵读的方法，例如《谏太宗十思疏》中论“十思”那一段，就可以指出它可分五小层，依次讲了国君的个人欲望、思想修养、游乐、对近臣的态度和赏罚的原则这五件事，能读出层次感，则意义自明。

（2）弄清全文的理路。分析文章的理路，首先要了解作者的意图。议论文或有议论性质之文，作者的意图往往从文章本身即可看出，例如《六国论》《过秦论》《石钟山记》《病梅馆记》，作者的意图都包含在文章的结句中。叙事性的文章有的需要了解背景，例如《烛之武退秦师》一文，就必须了解秦、晋之间又联合又斗争的复杂背景，才能看出作者的意图。其次是根据作者意图分析布局谋篇的道理。例如从《过秦论》的结句看出作者意在说明：秦对各诸侯国一贯实行诈力政策，这在它处于攻势时是无足怪的；但在它统一全国后已经处于守势的情况下，依旧奉行这种政策，而不施仁义于民，则无异自取灭亡。文章正是根据这个意图逐层展开的，先叙秦处于攻势时依靠诈力政策所取得的成果，再叙它在统一全国后依旧奉行这一政策，终于引发陈涉起义，导致了秦王朝的土崩瓦解；最后再拿陈涉和九国之师作对比分析，进一步论证了秦之亡于陈涉，是它不施仁义的结果。

（3）在分析理路的过程中，还要提醒学生注意那些能显示文脉的语句，用它们来贯穿全文，作为记诵的支撑点。例如《寡人之于国也》：①邻国之民不加少寡人之民不加多，何也？②王如知此，则无望民之多于邻国也。③王无罪岁，斯天下之民至矣。

4. 练习背诵

练习的顺序一般是先分段练习背诵，最后连贯背诵全文。练习方式应多样化，有齐读、领读、自读、轮读、默读。有时也可以搞点强记训练，对课文中的个别段落或语段，要求在较短时间内达到成诵。对抒情性较强的段落，还可以在基本成诵的基础上进行表情诵读的训练，以提高学生诵读的兴趣。对诵读的检查，当以面向全班背诵为主，以培养学生的勇气，也可以发动学生互查。以上是总说。

在实际教学过程中，最初的目标是争取达到口熟，由于学生在此前已经读过三四遍，再自读两三遍即可实现。

再往下，可用讲讲背背的方式逐步巩固记忆。我想单说讲。讲，不是教师单方面的行为，而是师生一同讲，也就是让学生在教师的启发下能说出自己的认识。讲的内容主要是以下五方面：①本段要旨和行文层次；②个别难句的意思和某些语句的内涵；③上下文的照应和修辞方式；④诵读的节奏和语气；⑤个别词的用法和意义。这几个方面不一定全都讲到，应从本段的实际内容出发讲两三个方面就可以了，目的是有益于记诵；无碍于记诵的可以不讲。

这个环节对教学的效果具有决定性的影响，很值得重视。怎样利用这个环节，全凭教师的独立创造，是没有任何现成的模式的。我们应当有这样的勇气，不生搬硬套教参上的话，不生吞活剥别人的经验，要凭自己的智慧和实践，走出自己的路来。

5.总结

不外乎说说课文的思想内容、写作特点，但切忌搞成八股式的东西，巨细不分地罗列出一大堆；而应力求简明、精当，可以只突出地说说其中的一两点。形式上应不拘一格，可以让学生谈谈自己学习的体会，或者写一段像作文总评那样的话；如有可能，写点读书札记最好，一二百字即可，一学期能写三四篇就很不错了。

还有一些其他的环节如运用图表、向课外延伸等等，这里就不说了。

上面说的几个教学环节，是每一位教师在教学实践中都会用到的，但运用的具体情况又是千变万化的，侧重点往往有所不同。譬如说，有人看重词语教学，有人看重诵读指导，只要他们的教法能帮助学生理解课文并记诵课文，都是应当允许的。这就是俗话说的“条条道路通罗马”。关于教学环节就说到这里。下面再说教学法的三种类型，之所以要划分类型，一般地说，是由于课文体裁和难易程度不同，以及教学的侧重点不同。但这种划分不是绝对的，有些教法适用于这一部分学生，却不见得能适用于另一部分；有些课文既可采用这种类型的教法，又可采取另一种类型教法；有时还可以综合运用几种类型。我们划分教法类型的目的，仅在于给老师打开教学的思路。下面我来介绍三种基本的教法类型：

1. 导读型

适用于议论文（包括论、说、奏疏等）、其他议论性文体（如序、对话等）以及内容较深的记叙文。这些文体一般都有较强的逻辑性，因此在教学过程中比较重视理路的分析，从全篇的理路到各段特别是主体部分的理路都要使学生了解——这是连贯记诵的首要条件。

导读型的一大特点是：学生从开始接触课文直至成诵，都是在教师的引导下一步一步地实现的。尤其值得注意的是，在练习背诵的过程中，每一段都被视为一个相对独立的整体，关于背景常识以及词语句的解释都被置于这个整体的背景之上，从而真正做到“词不离句，句不离文”，也便于学生在反复诵读中领会得亲切。而与此同时，也要注意其中跟上、下段有关联的语句，承上的先讲，启下的后讲，以保持全篇的统一性。

运用这种类型，须有生动活泼的教学内容，才能使学生始终保持良好的情绪和学习的兴趣；机械地一段一段地背下去很有可能窒息学生的积极性和创造性。

我教《寡人之于国也》这篇课文用的就是这种类型。我在厦门、大连等地做过试验，学生在事前不知课题的情况下，连课前预习在内，用100分钟就能比较熟悉地背诵全文。这篇课文的教学全过程我还写了出来，发表在《中学语文教学》2000年第10期，大家可以看看，不再细说。

2.美读型

适用于抒情文（如《项脊轩志》），也适用于抒情占有较大比重的其他体裁文章（如《兰亭集序》《归去来兮辞》），篇幅以三五百字为宜，长一些的（如《滕王阁序》《祭十二郎文》）可以节选一部分作为美读的材料。

美读，是合鉴赏与表情诵读而言。鉴赏是基础，能鉴赏才能读出感情来。在实际教学进程中，二者又是相互为用、相互促进的。教师应当善于把握这个原则，才能使美读训练收到最佳的效果。下面分开来讲。

鉴赏的前提是对文章具有整体感知，这就需要先把文章大体上背下来，因此仍有必要疏通文意，熟悉全篇的理路，只是不用做得过细，而要注意启发学生的想象，将学生导入文章的境界中来，使学生动情，能初步领略文章的某些艺术特点。这是基本设想。这个基本设想，我在《一篇美读的好教材——〈滕王阁序〉备课札记》一文中（见《中学语文教学》2001年第3期）已做了详细的介绍，这里就不细说了。

练习表情诵读，最好以教师的范读（或利用录音带）为先导，创造良好的氛围，然后让学生逐段练习（或自选一两个段落作为美读的重点）。在练习过程中，要启发学生仔细领会某些语句中所蕴含的思想感情；必要时还可以作一点技术指导，如轻重音、语调、语势的具体处理方式等。

课堂的表情诵读不同于诵读表演，不要求作艺术夸张，也不加手势，关键是要以情动人。

3. 自读型

适用于内容比较浅显的文章（大多是记叙文）。这类文章语句无大障碍，理路简而明，主旨比较容易掌握，因而适宜于学生自读。但课堂自读不同于课外自读，教师仍当发挥主导作用，这表现在启发学生学习兴趣、统一安排进度、为学生拨疑解惑、提出讨论问题等几件事上。但教师的主导性必须跟学生的创造性相结合，而不应限制学生，要适当地开放，例如背诵的段落可以让学生自由选择，有些问题可以让学生自由发表意见。例如，《石钟山记》一文，山名究竟是否当以声论，就可以不拘于苏说，能开放，才能使学生从实践中逐步形成自己的读书方式方法。

我想重申一句，以上三种类型的划分不是绝对的，兼有两种类型的课（例如在导读型或自读型的课上加进表情诵读）也是常有的，这就是所谓混合型了。在这三种之外，是否还有别的类型呢？当然还会有。我上中学时，遇到三位老师，一位是安徽桐城人，因抗战逃难来湘西，是真正的桐城派传人，另二位是我省著名的古文家和朴学大师，课堂上除诵读外都是他们讲，而且是一边讲一边自己吟诵，我们都听得入神，课后只用少量时间就能背诵，这就是串讲型了，但这跟那种满堂灌、逐句翻译、讲语法的“串讲”是有本质差别的，是很难驾驭的。总之，文言教法不止于我上面说的那三种，关键是对课文要理解得深，至于用什么方式教，那真是“运用之妙，存乎一心”了。教学毕竟是一门艺术。

再说怎么讲，总的原则是：不搞照本宣科，不搞程式化，不要一味灌输，要讲得生动活泼。下面提几点具体建议：一是要让学生感悟，例如讲杜甫《羌村》中“畏我复却去”这一句，无妨引用杜甫的同期作《北征》中“生还对童稚，似欲忘饥渴。问事竞挽须，谁能即嗔喝？翻思在贼愁，甘受杂乱聒”这一段，让学生自己去解读；如果喋喋不休地去辨析这句究竟是连动式还是主谓结构充当宾语，则只能将学生引入迷途。有些教师好搬弄语法自立新说，如“以赂秦之地封天下之谋臣，以事秦之心礼天下之奇才，并力西向，则吾恐秦人食之不得下咽也”一句，这种做法是很拙劣的，使用不得。二是要鼓励学生用自己的话解释课文语句，例如《寡人之于国也》中“河内凶……河东凶亦然”这段话，学生能看出它说的是救灾措施（向灾区调运粮食、从灾区疏散人口），这就够了，而不必逐字翻译。三是要用灵活的方式提问学生，例如《烛之武退秦师》中“越国以鄙远，君知其难也”一句，可用比拟的方式来检验：前几年，有些人花几千美元在美国购买100平方厘米的土地，请用一句话来评述这件事。如果学生能答出“越洋以有其方寸之地，无益也”，则自然懂得课文中那句话的意思。四是要抓住纲领性的话带动一段乃至全篇，例如《师说》第一段开头“师者，所以传道、受业、解惑也”这句话，是全文立论的根据，要逐步启发学生使其认识：“受业”，为下文“彼童子之师，授之书而习其句读者也”一句张本；“解惑”，为下文“人非生而知之者，孰能无惑”“惑之不解，或不焉”等句张本；而“传道”则是统摄全篇，道在即师在，“传道”，这是择师的主要标准，其次是“解惑”。五要把讲和诵读紧紧地结合起来，例如《过秦论》第一段，就理路而言，不过是从秦的有利地形、统一全国的宏图、对内对外政策说到初期向外扩张的成果，但写得很有气势；讲完理路后，继之以有声有色的诵读，才能震撼人心，使学生留下深刻的印象。

以上几条不过是举例而已，每位教师可以凭自己的经验创造新的方式。应注意的是，读读讲讲中当以读为主，无论怎么讲，都应当要言不烦。

四、文言词语教学

今天讲文言词语教学。教文言文，一定要处理好字、句、章、篇的关系。

这就是刘勰说的“夫人之立言，因字而生句，积句而成章，积章而成篇。篇之彪炳，章无疵也；章之明靡，句无玷也；句之清英，字不妄也”。可见字句为篇章之本。

我们平时读文言文常有这样的体会：一个词不懂，全句的意思有可能变得模糊起来；一句话不懂，也会影响对一段话的理解。学习词语有一条基本规律，这就是要伴随着疏通文意进行，文意疏通后再反复诵读文章，对词语才能有所领悟；待到诵读的文章多了，所见词语的用法也就日益增多，领悟随之不断加深，这词语就在头脑里生根了。这个道理浅显易明，本不需要多讲，但近年来，这个规律显然被忽视了，又不得不讲。

据我所知，这些年老师们对文言词语教学又并非不予重视，问题只在不得法上，一是内容流于繁琐，二是形式上以灌输为主。具体表现是：无论词义深浅，也不管课文注释里是否已讲过，总是每词必讲，还要逐句译成现代语，便于复习时对照着看；尤其讲虚词，不管学生能否消化，总要顺便说出一大堆语法术语。课外，还要让学生去完成大量的单项练习，或解释句中的加点字，或辨析句子的语法结构，而所列举的句子大多出自学生从未接触过的典籍。至于背诵课文，则往往置诸脑后。这样来教文言词语，实质上也是强迫学生死记硬背，短期效应可能是有的，但决非长久之计。要从学生的长远利益出发，还得按上面说的基本规律办。下面再分开来讲，先讲实词教学，后讲虚词教学。由于时间关系，只能勾出一个简单的轮廓。

（一）关于文言实词教学

现在仍有不少人对文言文的传统教学方式有误解，以为只是一味地强迫学生死记硬背，其实这只限于识字阶段，因为读的是《三字经》《百家姓》之类的书，句式整齐，又押韵，塾师教读几遍，便让学生下去练习背诵，读时往往是一字一顿，以利识字正音。一到学《四书》就要“开讲”了：先教学生断句并解释词义，即所谓“详训诂，明句读”；待到学生能背诵了，还要串讲大意，归纳节旨，乃至“发明圣人旨意”。这种教法的好坏暂且不做评论，若单就“详训诂”而言，倒是很值得我们借鉴的。这是我想讲的第一点。

道理很简单。我们的汉字在世界上是独一无二的，词义和字形有密切的关系，词义的发展也是有规律可循的，不去探索它自身规律，却生搬硬套外国的某些语法术语，岂非削足适履？例如“鼓”的本义从字形上即可看出是击鼓的动作，在“公将鼓之”（《曹刿论战》）中用的正是这个本义；“军”是军队临时安营扎寨之形，在“晋军函陵，秦军氾南”（《烛之武退秦师》）中，用的也是这个本义。讲清了字的结构，意思不就十分清楚了吗？可我们偏要用“实词活用”来解释它们，甚至还要让学生去分辨什么“意动”“使动”，这真有点莫明其妙了。这种讲法，除了把学生搞得糊里糊涂而外，还能有什么结果呢？

解释文言词语经常会遇到一些疑难，但只要善于运用训诂的方法，就可以迎刃而解。例如“主人下马客在船”（《琵琶行》），从字面看，主人好像是一直立在岸边，因而下句说的“举酒”似不可解；其实这句是“互文”，意思是主客一同下马，而后又一同上了船。又如“则胜负之数，存亡之理，当与秦相较，或未易量”（《六国论》），说“数”（命运）“未易量”是可以的，说“理”“未易量”就不通了；其实“胜负”二句是俪偶，“理”也就是“数”。又如“故劳苦倦极，未尝不呼天也”（《屈原列传》）中的“倦极”，“少益嗜食”（《触龙说赵太后》）中的“少益”，都属于“同义连文”（极，也有倦义；益，稍微之义），知道有这样的训诂通例，就不会把“极”解释成“到极点”，把“益”解释成“更加”了。

互文、对文、连文都是训诂的通例。

当然，训诂是一项专业性很强的学问，中学生既无必要也不可能学得很多，借鉴它的目的是学会一点解词的方法，主要包括：（1）形训。“六书”中的前四类即象形、指事、会意、形声，都可以用这种方式解释，这是在小学阶段就已经讲到了的，而且有不少教师还讲得很出色，问题是到中学后反而被忽视了，这是不应当的。（2）本义和引申。对常见的多义词用这种方式解释，可以使学生了解各个义项之间的联系，并将这些义项组成一个“词义的家族”，变机械记忆为理解记忆。要着重培养学生的引申能力，并善于用现代词解释古词，例如“鼓”引申为敲击其他乐器的动作时，可释为“演奏”，如“赵王鼓瑟”；引申为碰撞动作，应视所碰撞之物而定，如“微风鼓浪”（《石钟山记》）中的“鼓”，可释为“掀动”。引申为敲击之物，就是鼓。引申义中如有“假借义”“比喻义”，也应指出来，但用不着去分辨什么“远引申”“近引申”。（3）其他训诂方式中比较浅显易懂的，如前面提到的“互文”“对文（俪偶）”“连文”等，只宜捎带说说。这是我想讲的第一点，要教给学生解词的方法。

第二点，要养成学生积累词汇的意识。实词积累数量的多寡对阅读有决定性的影响，我们读文言文，懂不懂，关键就在实词上。在古代也是这样。《水浒》里的武松是个大老粗，识字不多，但也读懂了景阳冈上的官司榜文，知道只有巳、午、未三个时辰结伴才能过冈；《红楼梦》里的王熙凤因管账识得些字，能看懂司棋收藏的情书，均可见积累实词的重要，所以一定要使学生养成积累词汇的意识。积累之法，一个是前面说的在反复诵读中加深领悟，这属于自然积累；另一个是动手整理，学一篇课文整理一次，仿照辞书的形式，有释义，有例句，到期末再汇总到一起，有了这番功夫，才能历久不忘。附带说说，除了学课本上的词语外，在平日生活中也要注意实词的积累，例如读书报，游名胜古迹，往往都可以碰到许多文言词语，只要你留心，有积累词语的意识，也可以从中学到一些。

目前，新教学大纲已经列出应掌握的150个文言实词，不妨以此为据给学生讲点训诂常识，并要求学生做好积累的工作，每词一张卡片，尽可能多摘录一些例句，这对提高阅读能力和应试都十分有益。至于积累范围是否还可以扩大些，这就要看学生的自觉性了——如果学生从初步的积累中尝到了甜头，他们会乐于扩大的。

（二）关于文言虚词教学

现在教虚词的方法跟从前大不相同：从前的方法叫作“审辞气”，就是让学生在反复诵读中凭借虚词领会文章中的语气；而现在则是讲虚词在构句中的作用。“审辞气”在过去行得通，是因为学童整天地读古书，感性印象极其丰富，读了几年，便能用文言写作，在实践中再加深对虚词作用的感知；现在的条件变了，不能只靠“审辞气”，还得加上点语法常识，这是有道理的，但是讲得过多过细，学生的感性印象又比较浅，就会走向反面，使学生觉得苦不堪言，以至产生厌学情绪。因此，最好的办法是将二者结合起来，既要“审辞气”，也要讲一点语法常识（最好限于词性）。

首先要确定讲的范围。个个虚词都讲，实在是一种最笨拙的做法，容易引起学生的逆反心理，而只能有选择地讲。哪些该讲呢？一是统摄一段话或全篇的虚词，例如《寡人之于国也》“五亩之宅”这一段中的四个“矣”字，讲这些，有利于领会作者的思想感情。二是关系到上下文衔接的虚词，例如《谏太宗十思疏》“凡百元首……盖在殷忧……”这段话中的“盖”字，讲了它，上下文就联成一体了。三是其他有利于领会文章内容和作者思想感情的虚词。总之，讲虚词的目的仍在于疏通文意，不是学语法；如果把目的放在讲解语法术语上，结果必适得其反。

其次，讲法要灵活，因为古人用虚词就讲究灵活，只一味照着词性讲就把虚词讲死了，失去了作者用虚词的本意。清代语言学家刘淇曾说：“构文之道，不过实字虚字两端，实字其体骨，而虚字其性情也。”(《助字辨略・自序》)虚词既跟文章的“性情”有关，自非讲得灵活不可。下面介绍三种常见的讲法。

1.跟诵读相结合品味虚词所表达的语气

在文言虚词中，跟语气表达有关的是助词、连词、副词、叹词这四类。中学生感到虚词难学，主要是这四类中的前三类（按：介词的意思比较实在，并不难学；代词也是一样，只是根据习惯列入虚词）。如果通过诵读使学生首先从感性上对上述三类词在语气表达上的作用有所体会，再由教师略加指点，困难就大体上解决了。叹词的作用一望而知，无须说。

具体的教法是从领读入手，待到学生听读一遍后，再拿出几句话做例子，说说上述三类词该怎样读才能确切地传达全句的语气。例如：

①若毒之乎（《捕蛇者说》）："乎"稍重，以示作者有疑而问，也含有关切对方之意。

②民殷国富而不知存恤（《隆中对》）："而"稍重且长，以示"本当存恤而竟不知存恤"之意。

③今其智乃反不能及，其可怪也欤（《师说》）："乃"当重读，表示反常，有明显的贬斥意；"其"稍重，有强调意；"也""欤"联诵，"也"重"欤"轻，肯定中兼含感叹意。

领读何时进行，读多少，可由教师灵活掌握，但解说不宜过多。解说的目的是引起学生注意语气的表达。

2.联系上下文理解虚词的表达作用

虚词没有实际的意义，这是就它自身的性质而言，但在一定的语境中，它又可能具有某种程度的实际意义，这就是刘勰说的"据事似闲，在用实切"（《文心雕龙》）。例如"吾其还也"（《烛之武退秦师》）这句话，"其"是语气副词，却明显地表示了晋文公已下定撤军的决心；“也”是语气助词，是对下属下命令的口气，要求坚决照办，不得提出异议。这些实际的意义都在秦晋围郑而秦单方面撤军的情境中产生的，离开这样的情境，它们便不复存在。

这样来讲虚词才能引起学生探究虚词作用的兴趣。每篇课文能找出两三处这样的句子来分析就够了，多了也不好，要给学生留下自己感悟的余地。

3.要善于作比较

有两种比较方式：（1）以虚词的有无作比较。例如《鸿门宴》中，沛公对项伯说：“吾入关，秋毫不敢有所近，籍吏民，封府库，而待将军。所以遣将守关者，备他盗之出入与非常也。”他希望项伯把这番意思转告项羽。其中，“而”“之”两字值得注意。

①在班固《汉书·高帝本纪》中，前句仅作“籍吏民，封府库，待将军”，删去了虚词“而”。这个变化不算小：有“而”，表明前两事系为“待将军”而做，对项羽显得极其尊重；但班固为尊者讳，不愿显出沛公的卑躬之态，因而删去“而”字，使三事平列。

②后句在本文后半部樊哙闯帐中重复出现一次，但“备他盗之出入”中没有“之”字。道理十分明白：沛公说这话是为了恳托项伯，用“之”则语气舒缓；樊哙在剑拔

弩张的气氛中责备项羽，顺便说明事实真相，当是急辞，故无须加“之”。

（2）以可此可彼作比较。例如《岳阳楼记》中“其必曰”这一句，课本用“乎”作结，而《古文观止》本用“欤”作结。“乎”“欤”二字都有表揣度的语气，但“乎”重而“欤”轻，两相比较，“乎”更能表现出作者对友人的期望和信任。

作比较要善于抓住时机，引起学生讨论的兴趣。1985年我在随州教学经验交流会上试教《师说》，检查学生背诵时，一个学生在“今其智乃反不能及”的后面加了个“也”字，我抓住这一点问“加得加不得”，多数学生认为加不得，理由是下句“其可怪也与”中也有“也”字，重了不好；加“也”又有终结意味，下句显然多余，不衔接。我又提出用“怪哉”替代“其可怪也与”，多数学生认可，但又觉得不怎么好，一读觉得语气过重。我说：“这就对了，韩老夫子说这话时没火气，虽有意讽刺，但态度严正，还是维持原句为好。”引起全场大笑。

用这种方式讲虚词，当自初中三年级开始，因为这时学生已读过20篇上下，对虚词已有初步语感（从背诵中无意识地增减或改换虚词这现象可以看出），作作比较是饶有兴味的。

虚词教学确实有广大的天地，我们备课时用心想想，品味品味，定能讲得生动。

关于文言文的诵读教法就说到这里，不妥的地方请老师们批评指正。谢谢大家。

本文据手稿录排

文言文教学法

教无定法。但无论怎么教，都必须贯彻一个基本原则："教，是为了达到不需要教。"（叶圣陶语）

教文言文，尤其要重视这个原则。初中学生开始阅读文言文有一定的困难，其中主要是语言障碍。这个困难在短时期内不易克服。但是，如果将困难估计过大，教学又不甚得法，就很容易形成包办代替，而包办代替又往往导致重复、繁琐的讲解，结果必然是事倍而功半。这种包办代替的现象，在前几年曾经发展到相当严重的地步。要改变这种状况，就必须对困难作出实事求是的估计，同时在教学上立足于学生"自己学会"，充分调动学生学习的积极性，把教师的必要指导和学生的认真读书结合起来，用生动活泼的方式进行文言文教学。如此循序渐进，最后才能达到"不需要教"的目的。

课堂教学的基本环节

文言文的课堂教学有以下四个基本环节：

（一）课前预习

课前预习，是培养学生自学能力的第一步，对于引发学生的学习兴趣、摸清课文中的重点难点都具有一定的作用。学生能认真预习课文，发现问题所在，听讲才会有收获；教师掌握学生的预习情况，讲解才能做到有的放矢。

长期以来，文言文的课前预习大多流于形式，主要原因是教师对此缺乏应有的重视。不少教师认为，学生看不懂课文，预习不会有多大作用，反正要从头到尾做详细的讲解，一切疑难都可以得到解决。殊不知这样做极易养成学生的依赖心理，以为学文言文不过是听讲、记笔记、背笔记这几件事，因而在学习上完全处于被动状态；时间一长就会觉得枯燥乏味，学习劲头总也提不起来。这种情况是不正常的。

要加强预习，使预习能收到实效，可以采取以下的措施：（1）从课文的特点出发精心设计预习题。题型要多样化，不限于“读课文一至三遍”之类。有的可以侧重于内容和写法，对提问的角度和方式都要慎加选择，以活跃学生的思维，为启发式教学做准备；有的可以侧重于语言的基本训练，既有比较又有分析，既有“温故”又有“知新”，内容和形式都不拘一格。题要有一点难度，但经过努力是可以做出来的；量要适中，不宜加重学生负担。（2）培养学生认真看注释和查字典的良好习惯。现行初中教材中文言文课文的注释相当完备，释文又是用浅显通俗的语言写的，学生只要看得认真，大部分语言障碍是可以扫除的，剩下少量的难词难句可以用查字典或教师讲解的方式解决。这件事其实也不难做好，关键是教师要废除逐字逐句的讲解方式，以消除学生的依赖心理；同时除有严格的检查督促而外，还要具体地指导学生读注释，例如看题注（即每篇课文的第一条注释）要善于抓住要点，看句注不能光看“合注”（即全句的意思）还要看“分注”（即对句中难词语的注释），等等。

学生在预习中遇到困难是好事，不是坏事。“不愤不启，不悱不发。”知道困难所在，或自己想办法排除，或认真听教师讲解，经过这样一番努力，才能解决得比较彻底，并获得巩固的记忆。但必须指出，有些困难即便听了教师的讲解，也未必都能解决，而必须等到学生有了一定的知识积累和生活阅历之后，才能有所领悟。这就要求教师对学生提出的疑难问题作出具体分析，分清哪些应当立即解决，哪些可以暂时不管。

（二）诵读训练

背诵成篇的文章或具有相对完整性的段落，是语文的一项基本功。在正确原则指导下进行诵读训练，不仅可以锻炼学生的记忆力，增强语感，加深对课文的理解，而且有助于培养良好的道德情操。学习文言文，尤非背诵一定数量的篇段不可。经验证明：当时不懂，但是会背，以后终究会懂，当时懂得一点，但不会背，以后也可能变为不懂；背得多，感性知识多，领会新知识就快，灵活应用的能力就强，反之就慢，就弱。从这个意义上说，这个环节进行得怎么样，将在很大程度上决定教学质量的高低。

最近这几年，文言文的诵读训练大多停留在"布置+检查"这种简单方式上，所以收效甚微。这是因为目前学生功课较多，又缺乏朗读课文的习惯，对背诵作业常用突击的办法来应付，待到检查已过，便又置诸脑后，所以上学期背过的文章到下学期就大半忘却，几乎成为普遍现象。这就说明诵读训练大有改进的必要。

改进的办法有三条：（1）从课堂抽出一定的时间来进行诵读练习，以保证这种训练能够收到实效。过去，这种练习完全放在课外，既容易放任自流，又容易造成学生"给老师背书"的想法，不利于提高诵读的自觉性。采取课堂练习的形式，读读背背，才能消除这些弊病。（2）对学生的诵读要有具体指导，包括范读、领读和讲解诵读要领等，范读不仅是正音的手段，而且能具体地指示学生如何读出节奏和语气，能帮助学生领会课文的内容；教师如能流畅地背诵课文，还能提高学生诵读的兴趣。领读指的是教师（或读得较好的学生）逐句地带领学生诵读，个别难句或长句不易划分节奏的，尤其需要反复诵读。至于讲诵读要领，除轻重、停顿、语气等而外，还要讲作者的思维层次，要提醒学生注意课文中具有概括内容作用和表示相邻层次的承转关系的词语；因为背诵文章属于连贯性记忆，理清了层次，掌握了内容的序列，才能很好地记住全篇。此外，不要把检查背诵只当作督促的手段来使用，要善于从检查中发现问题，提出问题，帮助学生进一步体会课文的内容和写法，使记忆得到巩固。（3）训练的方式要灵活。有些课文可以讲完了再背，有些可以边讲边背，有些（学生可以自己看懂一大半的）可以背了再讲，而不拘于某种固定的程式。还可以听录音或搞小型比赛，以提高学生诵读的兴趣。

过去读文言文用“吟诵”的办法，读法也因人、因地而异。我们不提倡“吟诵”，而提倡教师自己钻研，能够创造出学生所乐于接受的读法。

目前的问题是，许多老师在理论上都承认诵读训练的重要性，但在教学实践中却又对此缺乏应有的重视。原因很复杂：从主观上说，是因为逐字逐句的讲解已经成为习惯，一时难以改过来，而这样讲解势必占用过多的时间，结果是诵读被挤到了课下，而学生课下又难以保证正确地进行这一训练；从客观上说，则跟当前的考试制度和方法有关。怎样合理地解决这个问题，亟待探索。

（三）疏通文意

疏通文意的目的是扫除语言障碍，使学生粗知课文大意，包括实词教学、虚词教学和释句三项内容。兹分述如下：

（1）实词教学

中学生阅读浅易文言文，主要的障碍是实词（包括一部分语汇），而不是虚词。一句话如果每个实词都懂得，即便有个别虚词不懂，也可以（有时要凭借它的上下文）猜出大意来；如果有一两个实词不懂，便连大意也无从猜起。古代童蒙教育很重视训诂，就是这个道理。训诂，就是解词。初中学生能掌握七八百个实词，这就为将来养成阅读文言文的能力奠定了可靠的基础。

过去几年，不少教师对实词教学不够重视。主要原因有二：一是课文注释相当完备，无须再讲，即使一时间忘却，拿起来一看，疑难就得到了解决；二是由于把课文逐句译成现代语的做法相当普遍，大家的注意力都放在译文上面，以为有了译文，实词的意义自然明白，无须加以强调。因此，尽管练习题里也有释词的内容，但多数教师和学生只把它们看作应当掌握的“重点词”，而不认为这种练习是一种学习方法的提示；并且对其余的词很少加以过问。用这种方式来教和学，就很难达到积累实词的目的。

学习文言实词，严格地说，应当像学习外语单词那样，每篇课文都要列出若干实词，一个一个地学，才能学得扎实——当然，在学习的具体方式上要有所区别，不可混为一谈。这就要求教师指导学生动手，不只是动手做练习，还要动手查词典，动手做词汇的整理工作，其中包括古今词义的比较、同义词和反义词的辨析、多义词的义项的选择、通假字的整理，等等。事实上，与其让学生从头至尾地记录课文的现代语译文，还不如让他们在词语上面下一番切实功夫，这样倒能使学生真正收获到一点东西；从长远的观点来看，这样做也更为合算。目前学生很看重译文，而对词语的学习反而不怎么看重，一旦记下了教师的译文，或手头有现成的译文，连课本上的注释也懒得看，更谈不到动手整理了。这种状况其实也不难改变，关键是教师要把实词教学放到它应有的地位上来。

至于解词，当然要以“文意训诂”为主，也就是根据语境（主要是上下文）来判断词义。这件事做得生动活泼，对学生是一种很好的思维训练，比死背注释要强得多。“字义训诂”也可以搞一点，因为学生在小学阶段已经学过一点汉字字形结构的常识，在此基础上对少量的难字作扼要的分析是适宜的。应当注意的是，无论采用哪一种训字方式，都只应就具体的字（词）作具体的解说，不必引经据典，更不要引进某些艰深的训诂学概念。

词法也可以讲一点，但限于指出某些常见现象，如常见的人称代词有哪些，数词直接修饰名词（表度、量、衡者除外），实词活用等。有些现象例如名词、形容词充当谓语，跟现代语的用法并无实质差别；又如实词活用中的所谓“意动”“使动”，概念过于艰深，这些都不要讲。

（2）虚词教学

文言虚词教学现已受到普遍重视，这是件好事。虚词不仅关系到句子的语法构造和句群的组合，而且对表达文章的语气和思想感情具有重要的作用。但目前大多只从语法的角度讲，而且讲得过多过深，繁琐重复的现象亦屡见不鲜，这既不符合量力性原则，又难以适应中学生特别是初中学生的心理特征，使学生感到很头痛，甚至产生厌学的情绪。在我们看来，一些初步的语法概念还是要讲（当然不能用繁琐的讲法，要讲得通俗、浅显）；但只抓这一头不行，还要抓另一头，这就是“审辞气”。“审辞气”，就是分析虚词在表达语气、情态上的作用。用这个办法来讲虚词，就把虚词教学跟对文章内容的领会结合在一起了。下面先着重介绍“审辞气”的方法，然后略说讲语法应当注意的几个问题。

“审辞气”的方法之所以应当采用，是出于以下两点考虑：第一，古人写文章很讲究可读性，对音调、节奏和语气极为重视，而语气的表达则要借助于虚词，从议论、抒情、记叙这三种体裁中虚词使用的频率高于说明、写景等体裁，即可看出这一点来。第二，虚词中跟语气表达有关的是助词、连词、副词和叹词。实际上，中学生感到虚词难学，并不包括所有的虚词，而主要是这四类中的前三类；其余如介词，由于数量不多，又有比较实在的意思，并不难学。因此，从语气的角度来看，有利于突破虚词中的难点。

根据长期的教学实践经验，“审辞气”的方法可以概括为以下三种：①通过朗读课文使学生初步体会虚词所表达的语气。最好从领读入手。领读是教师把自己对课文的理解传达给学生的直观手段，学生在这过程中一面仔细体察教师的语气，一面在自己的朗读实践中加以模仿，这就为理解虚词在语气表达中的作用提供了一个良好的基础。领读方式要灵活，不一定每篇课文都要从头到尾地领读，较难的句、段也可以多读几次；也不一定每次都由教师领读，在有准备的条件下也可由个别学生来领读；可以放在起始课上，也可以穿插在讲解之中或放在结束课上。②联系上下文理解虚词的表达作用。虚词没有实际意义，这是就它自身的性质而言，但在一定的上下文中也可以向它自身的对立面转化，而产生出某种实际的意义。所谓“据事似闲，在用实切”，就是指这种转化情形而言。因此，要理解虚词的表达作用，非联系上下文作具体分析不可。用这种方法来“审辞气”是有重点的，一般地说，只适用于某些关涉全篇或重要句、段的虚词；如果一篇文言文中所有的虚词都采用这种分析，那就不仅失之繁琐，而且会自寻烦恼了。③运用比较的方法。目的是让学生把虚词学“活”，因为古人用虚词既有成法，又不死守成法，很讲究活用，用“对号”的方法学，必然学不好。常见的比较方法有两种：一种是以用虚词和不用虚词作比较，一种是以可此可彼作比较。但这种方法在初中一、二年级一般不宜采用；初中三年级以上，学生读过的篇目稍多一些，可以根据加深理解课文的需要，从重要的句、段中找出几个虚词来进行比较。

至于虚词的语法教学，则应限制在词类划分和常见的虚词上。有些虚词是兼类的，则应分清主次，突出其主要用法。每篇课文讲一点，不要“字字落实”，可讲可不讲的就不讲。

（3）句型教学

熟悉一些文言句型，对阅读文言文大有好处。但一提到句型教学，有些同志就会联想到对句子作语法构造的分析，以为不这样分析就不算讲得彻底。这在理论上是对的，但实际行不通，理由在前面已经说过，不再重复，所以我们用了“熟悉”这个词儿。怎么熟悉呢？过去曾经用过这样的办法：把某些常用的句型挑出来，用“文白对照”的方式列出来，提醒学生注意，别的什么也不讲，一个学期下来，总能学那么二三十种，也粗略地懂得文言和语体在表达方式（简单表达）上的异同。这个办法很值得借鉴。

但我们也要创造新的句型教学方式。要创造，就要解放思想。现在一提到句型，就要冠之以语法的名称，这就把自己限制住了。有些语法上的句型名称，如省略句、判断句、疑问句、被动句之类，是应当提到（教材就是这么办的），但实际上即使在浅易文言文里，句型的类别远不止这些（例如从修辞的角度看，还有比喻句、对偶句、排比句等）。如果从“熟记”的要求出发，不冠以特殊的名称，也不讲什么构造方式，可以列出的句型就很多了。

举例来说，文言文里有许多常见的短语，如“是故”“有（无）以”“何不”“何以”“不亦”“相与”等等，都可以拿来做句型练习。这类句型练习做得多一些，便可以消除学生对文言文的陌生感，加快阅读的速度。这种练习方式跟学外语很看重片语（phrase）、习惯语（idiom）差不多，只是不拿它们来造句而已。

以上三项，是疏通文意的主要内容。文言文还有一些词语涉及历史上的典章制度和社会风习，这些也要讲清楚；有些地方跟时代背景关系密切，但课文注释里大多有说明，要提醒学生注意。

应当指出，疏通文意和对学生进行诵读训练这二者是紧密地结合在一起的，不论是以讲带读或以读带讲，二者都有相互促进的作用。

（四）内容和写法的分析

文言文内容和写法的分析，必须在疏通文意的基础上进行，同时又反过来促进对文意的理解，所以这两个环节常常交错在一起，是相辅相成的关系。

教材里的文言文篇目，一般都具有以下的特点：一是篇幅比较短小，容易看出作者的基本构思和文章的主旨，在议论文和夹叙夹议文中，这个特点尤其显得突出；二是结构严谨，相邻层次之间的承转关系表现得明显，上下文常有多处相互照应。过去人们分析文章内容，有所谓抓“文眼”“文脉”的说法，就是因为它有上述两个特点的缘故。我们倒不必用这样的名称，但这种方法却值得借鉴，具体地说，有以下两点：

（1）从寻找全文的中心句入手。这种中心句一般都在开头或结尾，或两处兼有。例如《捕蛇者说》的中心句就是“孰知赋敛之毒有甚是蛇者乎”这一句，在结尾段里；《黄生借书说》的中心句“书非借不能读”，在文章开头。寻找中心句，要注意课文的特点，例如《为学》的中心是“立志为学”四个字，分别出现在开头和结尾。有的课文本有中心句但在选入课本后被删节，如《大铁椎传》末尾原有“魏禧论曰”这样一段话，其中“泯泯然不见功名于世”一句表示了作者的叹惋，正是全文的中心，因为全段被删，所以看不到了。找到了中心句，再说说作者怎样围绕着它来展开叙写，学生对课文内容便会豁然而明。

（2）从分析结构入手。可以先归纳段意，但仅此还不足以显示文章的意图，还应当具体说明作者为什么要写这样的内容。例如《捕蛇者说》的第一段，大意是交代捕蛇的缘由，而作者的意图则是以蛇之剧毒和“永之人争奔走焉”的情形相对照，用“当其租入”来说明这种反常情形出现的原因，从而暗示了文章的主旨。由此可见，必须用抓关键语句的办法来说明作者的意图，才能看清作者的思路。这样来分析结构，才有助于学生理解文章的内容。

末了，附带说说对文言作品内容作历史分析的问题。我们认为对初中学生来说，倒不必加以强调，有些篇目可以指点几句，但多数可以不提；如果多数篇目都要加一个“批判尾巴”，变为一种程式，反而有害。

关于写法的分析，现在的教学参考书大多是列为一个专门的项目，这种做法对教学实践有一定的影响；每篇课文教到最后也要专门总结一下写法。这值得商榷。中学生是否有能力借鉴文言文的写法？文言文的写法对中学生的现代文写作练习有无借鉴的价值？对这些问题的看法，专家们很不一致，还有待进一步探讨。但无论如何，讲一点写法对学生理解内容还是有好处的。从这个前提出发，分析写法则应采取灵活方式：有些课文可以在内容分析的同时讲讲写法，即所谓“一条鞭”的讲法；在十分必要的情况下，有些课文也可以将写法的分析列为一个专门项目。

※ ※ ※ ※ ※

以上四个环节被称为“基本环节”，是因为不论讲哪一篇课文，也不论采用哪一种讲法，都离不开这些内容。这四个环节不是彼此孤立的，而是一个有内在联系的整体；它们的共同目的是，让学生在粗知大意的基础上熟读、背诵课文，为养成阅读浅易文言文的能力做好准备。至于课后的巩固练习，因为已经包括在诵读练习和疏通文意这两项当中，所以没有单列出来，这大概要算作文言文教学的一个特殊的地方吧？

三种基本教法

根据最近二三十年文言文教学的实践经验，文言文有三种基本教法。这自然是一个不完全的概括，但许多别种教法无不与此有关，或由此派生而出，或综合利用它们之中的某些成分。兹分述如下：

（一）串讲

串讲是我国传统的文言文教法，主要包括正音、训字、贯句和讲节旨这些内容。在科举时代，由于教材主要是“四书五经”，考题又与此有关，有时教师还要借串讲“阐发圣人旨意”。

但串讲不一定就是注入式，好的教师在串讲中也常常叫学生先讲，然后进行纠正、补充或发挥，有时也提几个问题启发学生思考，只是以教师的讲解为主。解放前学校里讲文言文大多用串讲的方法，一篇课文只是从头到尾地讲来，解释一些难字词，说说段落大意，然后叫学生去熟读、背诵；翻译和语法一般不讲，只用口语作解释；在初中阶段，有的课本在每篇课文后面附上几个“文白对照”

的例子，叫学生自己去揣摩。解放初期，所谓“串讲”也大略如是。那时文言文课堂教学的情形可以用一个公式来概括：“领读—串讲—背诵”。

五十年代中期以后，对文言文内容和写法的分析十分看重，但这种分析是结合着扫除语言障碍进行的，即一边疏通文意，一边分析内容和写法，最后再小结全课；在疏通文义过程中，讲虚词逐渐形成风气。这种教法后来被称为“一条鞭法”，但仍然是串讲的性质。

进入八十年代以后，由于种种复杂的原因，文言文的串讲方式逐渐向繁、难的方向发展，出现了所谓“字字落实”的教法。这种教法，是以把文言文译成现代语作为手段，将古汉语语法知识大量地带进课堂，它所重视的是文言文自身的规律，而不是文言文的教学规律，同时把知识向能力的转化看作是绝对的，而不是有条件的，以为多学一些语法规则，就可以迅速地养成学生的阅读能力。由此也就造成了教学内容繁琐艰深、学生消化不良以及占用课时过多等种种弊端。尽管如此，这种串讲方式也表明了一种趋向：随着学术界对古汉语研究工作的进展，古汉语语法方面的某些内容对中学文言文教学的影响也正在逐步扩大。

以上是关于串讲这种教法的历史发展过程的简要叙述。

从这番叙述中至少可以看出以下三点：

（1）串讲是适应文言文的特点产生的。文言文因其典雅而格外讲究庄重、含蓄，因其简练而十分注意概括的功夫，所谓“文外曲致”“一字发微”等，都是指此而言。学生初读这种文章，再加上存在着语言障碍，如入穷林深谷，非有向导则不得出。串讲的任务不仅是扫除语言障碍，还要从文章的全局出发给学生以读文的指导。这是从总体上说的。

（2）串讲的内容是随着时代的变化而变化的。既然教材里的文言文篇目都比较浅显，能讲得学生粗知大意即可，就没有必要求深。加进一点语法知识也是应当的，但必须贯彻精要、好懂、实用的原则，学术界尚有争论的问题决不能带到中学课堂上来。

（3）串讲的内容在高低年级应当有所不同，一般地说，低年级应以训字贯句为主，内容和写法只需略提；高年级则可将二者颠倒过来。此外，还应看到即便在同一册之中，课文内容深浅也可能有所不同，体裁也可能各异，必须把诸如此类的因素都考虑到了，才能把这种教学方式运用得灵活自如。

（二）诵读教法

诵读教法，实际上是以读带讲的方法。它吸收了传统教法极其重视熟读背诵这一优点，同时又有所创新，把学生的诵读活动置于教师有计划的指导下，强调在粗知大意的基础上熟读成诵，这跟传统教法中只让学生一味地大声读书、死记硬背的做法有着本质的不同。

这种教法跟串讲和下面将要说到的混合型教法的主要差别表现在怎样处理读和讲（包括教师讲和学生答问以及在讨论中的发言）的关系上。诵读教法以学生的诵读（也包括教师的诵读）为主，以讲为辅，讲是为读创造条件，而且诵读主要在课上进行，课后诵读只是课堂诵读的补充；串讲和混合型教法则是以讲为主，读是讲的准备和补充，而背诵的练习则主要在课后由学生自行安排。这种不同说明诵读教法所侧重的是语感的培养。

那么，什么叫语感呢？语感跟阅读能力又是怎样的关系呢？

语感就是对语言的感知能力。这种能力是在千百次重复的语言实践（读、写、听、说）中形成的。实践的方面越广，语感的形成也就越快，从前人们学文言文之所以比现在的成效要大，就是因为他们在读、写、听、说这四个方面经常跟它接触（特别是在读的方面下的功夫很大）的缘故。现在的中学生一般只在课堂上学习文言文，一学期不过十几个到三十几个课时，课后又很少读课文，所以很难形成语感。诵读教法强调要在课上进行充分的诵读训练，正是为了弥补这种不足。

语感在阅读中有着不可低估的作用。先拿阅读外语书籍作例子：人们最初读外语书籍的时候，总要把它一句一句地译成自己的母语，才会觉得自己真正读懂了；待到语感增强以后，他们就自然而然地抛掉翻译这个“中介”，把外语当成母语一样来阅读。如我们把这种能力称为直接反应能力的话，那么读文言文所需要的也正是这样的能力。可现在的中学生即便到了初三年级以上，读文言文仍然离不开现代语译文（至少要在心里把原文译成现代语）这个“中介”，主要原因就是语感不强。但这种情况是可以改变的，而改变的办法在目前条件下，唯一切实可行的就是要加强课堂的诵读训练。如果学生在初中阶段就养成了一个诵读的习惯，到高中毕业时能熟练地背诵四五十篇文章，我们就满有把握地说，学生的阅读文言文的能力一定能比现在高得多。

但是，缺乏指导的诵读，机械似的反复，不可能导致语感的产生。诵读教法认为，在一定的条件下，对实词的理解、正确的语调和学生的领悟功夫，是语感的重要来源。这所谓“一定的条件”，指的是教师以讲解、提问、板书等种种方式对课文内容（包括写作背景、文章主旨、作者思路和各层大意等）作出提示；学生在课前已有所准备（包括朗读课文、看注释等）；在特定的情况下，还要加上有利于诵读的课堂气氛。有了这些条件，学生一面结合上下文逐步形成“贯穿理解”，一面模仿教师或自己寻求正确的语调读了出来；如此反复多次，必然有所领悟，尽管还不能把原文逐字逐句地译成现代语，却能用自己的话说出它的主要内容，这就叫作“粗知大意”。这样一篇一篇地读下去，待到诵读量达到一定的程度（例如能比较熟练地背诵二三十篇文言文），语感就会初步形成；这时再拿起未曾学过的浅易文言文来看，就不会产生陌生感，即使其中有些词、语、句似懂非懂，也能看得下去了，如果会查词典，问题就更容易得到解决。一个中学生读文言文能到这一步，总算可以的了。

应当指出，上面的话只是给诵读教法描出了一个大概的轮廓，至于它的许多细节则不可能一一说到。例如实词和虚词的解释，在诵读教法中就不是放在翻译的过程当中来做，而采用了灵活的方式。由于学生课前看过注释，不可能完全不懂。那不懂的一部分可以根据教学的需要作不同的处理：有的在诵读前单提出来讲，要求学生熟记；有的在诵读过程中让学生结合上下文进行词义的判断；有的甚至可以在检查背诵的时候提问学生。

此外，还应看到诵读本身从某种意义上说，也有疏通文意的作用。例如重音的挑选就包含了对实词的理解，重音选错了，说明对实词的理解不正确。又如大部分虚词都跟语气的表达有关，语调读得对，表明学生对它已有所领悟，用不着再讲；如果读错，那就不仅要加以纠正，而且要讲讲道理，这样来讲虚词，就是把直观的印象和抽象的道理结合起来，更能加深学生的理解。从这些例子可以看出，诵读教法决不采用那种“我讲你听”的形式，它所重视的是教师和学生之间的“思维交流”，这种交流是在不间断地进行着的，学生的疑惑和领悟时刻反映到教师的头脑里来，教师必须及时地为学生排疑解惑，对他们的领悟表示肯定并提出进一步的要求。

诵读教法视实词和语调为培养语感的基本手段，而不提句子教学，是因为它认为讲句子构造，对初学者来说，应当立足于古今汉语的相同点或近似点，而不是它们的相异点。立足于“同”，才会使初学者觉得易学；立足于“异”，就可能把讲解的内容复杂化，给初学者带来不必要的麻烦。对构造相同或相近的句子，教师只需要适时地点出几种，而后让学生在诵读过程中加以品味就可以了；对不相同的句子（如倒装之类），只要读得熟，熟到若出于自己的口，也不会有很大的困难。至于比较细致一点的讲解，则可以放到高中阶段去做。

综上所述，可以看出诵读教法有这样三条原则：（1）在教师讲和学生读的关系上，以学生读为主，以教师讲为辅；（2）在实词教学和虚词教学的关系上，以实词教学为主，以虚词教学为辅；（3）在讲古今汉语的异同上，以讲“同”为主，以讲“异”为辅。目前关于这种教法的实践和研究正在发展，它的完善是指日可待的，这里就说这么多。

（三）混合型教法

混合型教法所侧重的是课文内容的分析。根据内容决定形式，形式又转过来为内容服务这一辩证原则，这种教法认为，学生只要充分地理解课文内容，形式的问题（其中主要是语言障碍）就可以相应地得到解决。因此，它既不像串讲教法那样把课文逐字逐句地译成现代语或用教师的口语加以解释，又不像诵读教法那样特别强调学生在诵读过程中自行领会，而是从理解课文内容的需要出发，提出一系列问题，引导学生看书（包括课文和注释及有关资料）、思考、作答，并在这过程中自然而然地疏通文意。这样来疏通文意，虽然只涉及文中词、语、句的重点和难点，但由于全文内容已明，其余的词、语、句便可“无师自通”。采用这种教法，课堂一般比较活跃。我们称它为“混合型教法”，是因为它把对学生的思维训练和语言训练结合成为一个整体，难以分割。

以上是就总的原则说的。至于具体做法则又因人而异，不过大体上可以概括为两种类型。

第一种是导读型。一般的做法是将全部教学进程划分为三个阶段：（1）准备阶段：要提示阅读课文时应注意的事项，印制必要的资料（包括补充注释、背景材料等），提出将要讨论的问题。这部分工作可视课文难易程度或在课前做或放到课堂上来做。（2）讨论阶段：根据所提问题在课上展开讨论，教师应根据讨论情况提示学生抓住答题的要领，或提出新的问题进一步启发学生，直至对问题作出正确回答为止。（3）总结：要紧扣本课的教学要求从内容、写法和语言等方面来做好总结，以巩固学生的收获。

第二种是谈话型。主要是以师生间的对话形式展开教学活动。它不像导读法那样要求学生事先做出充分的准备，而只要求学生初步熟悉课文。采用这种教法，首先要选好“突破口”——它们常常是课文中的要害或学生最感兴趣的地方。有了这样一个“突破口”，才能把学生在初读课文时所产生的种种疑难集中到一点上来，如同理丝有绪，而后再扩大到全篇，把学生存在的问题逐一地加以解决。在谈话进行中间，教师要善于根据学生的回答看出他们的疑难所在，或疏通文意，或因势利导地进行追问，使学生的思维始终保持着活跃的状态；必要时也可以穿插朗读的活动，使课堂气氛有张有弛，以利谈话的继续进行，但这种朗读一般限于特定的句段。谈话的结尾也要有总结。

※ ※ ※ ※

上述三种教法的划分，都是就其基本性质而言，在它们之间并不存在着一条不可逾越的鸿沟，也说不上有什么优劣之分。如所周知，在教学实践中，任何一种教法都不可避免地要受到课文特点、学生的实际情况和教师个人风格的制约，没有一成不变的内容。因此，这种划分的意义仅仅在于帮助教师在选择教法的时候，能够更自觉地运用科学的教学原理而已。

本文据手稿录排

谈谈文言文练习的设计

（提　纲）

一、对练习在文言文教学中的作用的初步认识

1.基本的提法：练习是教学的辅助，而不能代替学课文。

文章是综合性的。练习设计得再细，也不可能覆盖一篇文章的全局。

2.辅助作用表现以下两个方面：

①提示教学的重点难点；

②巩固已学过的知识。

在特殊情况下，例如缺少合适的课外读物、课外阅读无法保证等，练习中还可以包括独立阅读或半独立阅

读的题，使学生得到实践的机会。这样的题带有检验学生阅读能力的性质，但主要目的还是为了巩固已学过的知识。

3.做好练习的根本保证是：熟读课文，理解课文。

二、对已有的文言文练习方式的估价

1.传统的练习方式——特点是综合性强，由点读和背诵开始，进而说节旨、串讲，然后融诵经、读史、作文于一炉。重视语感和领悟能力的培养。缺点是容易留下模糊点，且费时过多。

2.现行统编教材的练习方式——体例跟现代文相同，从思想内容、层次结构、写作方法到语法修辞全有练习。比较特殊一点的是有虚词、句式及在汉语方面的练习，特点是重视语文的一般规律，内容较全；缺点是文言文阅读训练的方式一般化。

3.复习资料的练习方式——因为是针对升学考试试题编的，以单项练习居多，语法、词义成了主要内容。由于考试出题要受到各种限制，这种练习方式也有很大的局限性。

例外者也有，然而不多。

结语：编文言文练习要很好地吸收以往的经验，特别是传统的经验——这方面的经验虽然很难直接看到，但从历代的点评和文论中可以推知一二。能有效地继承以往的经验，又能牢牢地掌握教学原理，这才能够有所创新。

三、文言文练习设计必须体现文言文教学的基本规律

1. 现代文言文教学的主要任务是培养学生的阅读能力，所以这里说的“基本规律”仅指培养阅读能力的基本规律而言。

2. 在阅读中起作用的三要素：

①诵读：反复诵读，达到成诵。以十至二十篇作“基点”。

②积累：熟记若干词汇、语汇、句式，对文言文的表达方式感到习惯，有“反应”能力。

③领悟：能用自己的话说出文章大意，也就是“读懂”。

附带说明一下：①翻译不列入，这是专家的事情；②鉴别在高二、三年级可以列入。

3. 上述三要素之间的关系，可用下图表示：

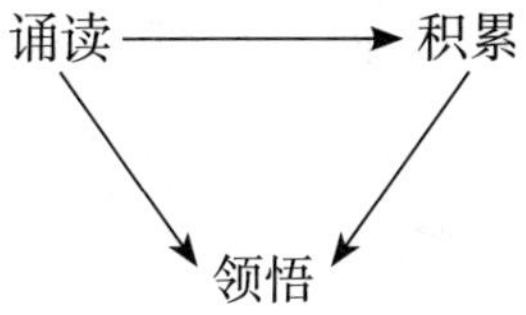

概括地说，诵读是基础，离开诵读就难以达到积累和通篇的领悟，积累是手段，领悟是目的。

把这三者统一起来，才是既学“文”，又学“语”；既见“树”，又见“林”。如此才能卓有成效地培养学生阅读文言文的能力。文言文练习应当体现这三者的统一。

四、生动活泼地设计文言文练习

“生动活泼”，既指内容，也指形式。但主要是指内容。内容生动活泼，才会有生动活泼的形式。题型多一些，也可以搞一点标准化的题目，但这不是目的。

1.把内容题出活

避免“大而空”。破除“全面分析”“一分为二”等框框（不是否定这些原则的正确性，而是说不要把文学评论跟教学混为一谈），不搞“挖深挖透”。

可以是点拨式的。例如：

《扁鹊见蔡桓公》可以抓住“医之好治不病以为功”这句话提问，提挈全篇。

《岳阳楼记》可以提问“天下”一词的概念。

《师说》可以就“道”的概念提出问题。

2.把结构层次的题出活

有些课文可以让学生划分结构（分几部分、几层），并写出大意，有些课文则要根据它们的特点采用不同的题型。

有的可以抓文脉，如《捕蛇者说》《岳阳楼记》。

有的可以抓文眼，如《桃花源记》《曹刿论战》《谏太宗十思疏》。

3.写作方法的题也可以出活

例如：《小石潭记》以缩写与原文相比较。《捕蛇者说》删去“吾尝疑乎是”，改“犹信”为“则古今皆然”。

4.语言练习的题尽量做到题型多样，例如实词练习不要一来就是解释加点词，虚词练习不要一来就是讲作用。如果答案是背注释、背条文，就更易挫伤学生学习的积极性。搞得太繁琐，实际上是等于跟学生为难。

①判断词义（学习引申的道理）可以从多方面着手：

从读法入手，如“望/晚日/照城郭”这种读法对吗？为什么？（其他如“夔/一足”等）

从上下文联系入手。

从比较入手。

②虚词练习，关键是要学生学会“审辞气”。

《为学》，只要求说出“矣”“也”“哉”“乎”“焉”等词所表示的语气。

《鸿门宴》，可就“所以遣将守关者……”一句的不同语气作比较，还可就“吾属……”一句结尾用“矣”还是用“也”作比较。

《师说》中可比较的就更多了。

虚词中有时也有可此可彼、可用可不用的情形，常作比较，才能活用。使学生打破对虚词的“神秘感”。

③修辞方面的练习也要搞活些。改文作比较，就是一种可用的方式。如问学生“风劲角弓鸣，将军猎渭城”两句是否可以颠倒？“吾一瓶一钵足矣”后可否加一句“贫者遂行”？如此等等。

五、四种特殊的练习设计

1.创造性的练习

《核舟记》：将“启窗而观，雕栏相望焉”一句移至段末，可省三字。

《画琵琶》(《阅读》初二册)：缩写全文后再提问。

《师说》：将末段加“其文曰”三字后移至篇首。

2.开放性的练习

学生可以自由作答，可以坚持自己的看法。可以

“存异”。

《师说》：三句话出自《论语》。两句纳入行文，一句作改动。为什么？

《大铁椎传》：大铁椎访宋将军的目的是什么？

3. 检验性的练习

从课外选材料，先单项，后综合。检验学生阅读能力，这是独立阅读的准备。

这类题跟测验题相近，不用多说。

4. 总结性的练习

六、体会

1. 编练习并不比教学容易，特别是给教材编练习。要考虑到全国的师生，大家是否愿意做、能否做得出，做了是否有益，以及各册练习如何依照循序渐进的科学体系来编等问题，都需要认真考虑。

2. 编练习的过程也是编者再学习的过程。一边读课文，一边要想想作者为什么这样写，如果是我，该怎么写，有时还要拿作者本人的其他作品来作比较，要拿其他作家的作品来比较，还要想想自己的收获是怎么来的，怎样出题才能使学生也有收获。

3. 编练习不是仅仅要求学生通晓、掌握哪些知识，还要教给学生读书的方法，要引导学生认真读课文、背课文。做了几道题而课文不熟，其效果决不会持久。这方面的教训是有目共睹的。

七、结束语

（下缺）

多读点文言文为好

中学文言文教学的目的是培养学生初步阅读文言文的能力，为他们今后自学、欣赏和参阅古籍奠定一个良好的基础。经验告诉我们，这个目的很不容易达到。过去大多数学生因为在校吃的是“夹生饭”，离校后不久，不免陷进“看不懂——不爱看”的恶性循环之中，不到几年工夫，便把所学的文言文知识忘掉一大半。这个苦果，我们已经尝了好些年。原因自然很多，但主要的一条是教材里的文言文篇目过少，对打基础极为不利。为了改变这种状况，我建议按年级适当地增加文言文篇目。

在详细地叙述我的理由之前，我想谈谈自己学习文言文的经历。我是在抗日战争中后期读完中学的。当时的语文课本，初中文言文约占一半，高中则全是文言文。我们一面读课本，一面练习用文言文写作，学得很起劲。那时的教学方法跟现在大不相同：老师先领着我们读几遍，接着讲字义、修辞和章法，而从来不搞什么翻译、串讲，更不在虚词上面大做文章；如果老师高兴的话，有时也讲几个典故，或随意发挥几句——便是所谓“微言大义”了，并不使人感到枯燥。这样讲，进度很快，像《滕王阁序》那样的长文章，两三节课就讲完了。讲完就要背，背不出还要受严厉的斥责。因此，尽管学校不规定早自习，但每天早晨校园里总是书声琅琅，不是念文言文，就是念外语；连“跑警报”的时候也带了书去念。那时大多数同学都是准备学理工的，到高三他们还要学微积分，但同样能背诵许多文言文名篇，能写比较漂亮的文章；像《三国演义》《红楼梦》之类的古典小说以及鲁迅的某些集子，他们也大多看过了，而且看得并不费力。

然而看看现在的学生，情形恰恰相反。

我由此想到：读文言文，固然需要一定的文言文知识，如关于通假字、一词多义、特殊的词法和句法等方面的知识，但要使这些知识转化为独立阅读文言文的能力，却不是无条件的。因为在具体的语言环境里，这些知识中的任何一项几乎都是变化多端的，如果仅仅从字面上记住它们，而不熟悉其中具体变化的情形，在实际应用的时候就会碰到意想不到的困难。这跟学习数理化有点近似：只是死记公式和定理而不做足够数量的练习，不了解实际应用中的各种情形，则所谓公式等就会变成一堆毫无用处的死条文。语言的学习是需要反复的，例如一个多义词，仅仅是几次、十几次接触它显然不够，而必须经过几十次、上百次的接触，才能真正掌握。俗话说“熟能生巧”。熟，就是反复实践，就是成百上千次的接触；巧，就是灵活运用的能力。毫无疑问，要使文言文知识转化为独立阅读文言文的能力，非多看、多练不可。实践，就是这种转化的主要和基本的条件。

弄清了这个道理，就会懂得过去文言文教学中“煮夹生饭”的主要原因：教材里文言文篇目太少，要求背诵的篇目自然更少，使学生实际地接触文言文的机会受到限制，对知识向能力的转化产生了不利影响。这是我主张增加文言文篇目的第一个理由。

其次，我也想谈谈语感的问题。语感究竟是一种下意识的现象还是一种自觉的现象，倒不忙先下结论。但至少可以肯定：它决不是什么神秘莫测的东西，而是一种经过一定时期的训练后所获得的能力。讲文言文，当然要讲点文言文的基本常识，但如果只注意了常识这一面而忽视了语感的培养，这种教学方式就不能说是全面的。学生懂得一些道理，而语感不强，读起文言文来仍会感到吃力。在培养语感的过程中，我以为下边两个问题很值得我们注意。

一是思维的习惯心理。过去我们刚开始学文言文的时候，也有点莫名其妙，对“之、乎、者、也”那一套很不习惯；到了高中，因为看得多、背得多了，一拿起文言文，就仿佛进入又一个熟悉的语言环境，思维立即跟它一致起来，有时甚至觉得某个意思只能用它的那种表达方式，不需要把它译成现代语而后心里才明白。因此，难点一经老师点破，大意便了了在心。现在的学生则很难达到这种“得鱼忘筌”的地步。究其原因，主要是文言文篇目太少，或两三周学一篇，或一学期集中学一个月，如此时学时辍，自然难以改变旧有的思维的习惯心理。所以多数学生读文言文的时候，心里想的仍是现代语，一定要逐字逐句地对译出来，才觉得心中有底。正因为如此，文言文和现代语之间的那些扞格不合的地方，便始终成为他们独立阅读中的巨大障碍。这个障碍，不经过多读多练是难以排除的。其实，用文言文的方式来进行思维，并不是很难的事，如果是在有限范围之内的话。学过外语的人都有类似的体验：学到一定程度就可以“忘掉”母语，而用外语的方式来进行思维。文言文不过是我们母语的历史形态，学习文言文的时候，改变一下思维的习惯心理，自然会容易得多。

这里，有必要强调一下文言文实词的问题。文言文实词是用文言文进行思维的基本材料，不掌握一定数量的文言文实词，思维的习惯心理就很难改变。最近这些年，抠虚词形成一种风气，对实词没有给予应有的重视。实际上，学生学习文言文的主要困难不是在虚词上面，而恰恰是在实词上面。举一个简单的例子：初一时学生已经学过“卖油翁释担而立”这句话，知道其中的“释”字作“放下”讲；可是到了高二仍有许多学生解不出“庖丁释刀对曰”一句中的“释”字，而误认它是“解释”的意思。这种情况的出现是不足为奇的，因为学生在日常生活中早已听惯了“解释”这个词，并使它跟“释”字产生了固定联系，而“释”字和“放下”这个意思之间的新的固定联系却尚未形成。据初步估计，学生学会用文言文进行思维，大概要掌握一千个左右实词，如果平均每个实词有三种常用义，那就等于要记住三千个意思；此外，还应当懂得每个词在各种不同情况下的用法。这就是问题症结之所在。如果仅凭教师讲课、考试的办法而不让学生增广一下见识并且多背诵一些名篇，这种困难是无法解决的；即使暂时解决了一部分，过了一段时间，学生又全然忘却，仍需从头讲起。

二是语调。语调跟语意是密不可分的，一句话用什么语调来读，要受语意的支配；反过来，语调读得正确又有助于理解和表达语意。过去我们学文言文，有老师领读，自己也天天念，对语调相当熟悉，一句陌生的话，只要看看它的自身结构（主要是实词的排列顺序和虚词的位置）和上下文，就可以把语调读得大体正确，这对改变思维的习惯心理有很大帮助，使我们能比较顺利地进入文言文的语言环境之中。现在的学生，一是因为见到的文言文太少，平时又不怎么朗读，对它的语调极为陌生，所以读起来佶屈聱牙，总觉得是读“天书”似的，对理解语意也产生了一定的影响。

把以上两点集中起来，就是这样一个意思：文言文教学中应把培养和增强学生语感的训练提到工作的日程上来，要使学生的见识面广一些，能背诵的东西多一些。这是我主张增加文言文篇目的第二个理由。

一定的质量，需要一定的数量来保证。如果不是这样，结果功亏一篑，岂不可惜！

有人担心，文言文篇目适当增多会影响学生阅读现代文的能力。这大可不必。前面已经说过，文言文学好了，不仅不会影响这方面的能力，而且会对它起促进作用。至于背诵篇目增多会不会增加学生负担的问题，我的看法是：一开始可能要增加一点负担，但读得多了，找到了背诵的途径，就不会再增加负担，有些课文甚至当堂就可以背诵出来，而不必放到课后。

最后，要说明一下：我这篇文章是专就教材说的。这并不意味着我把过去文言文教学质量不高完全归咎于课本里文言文篇目过少；教师水平、教学方法也是极其重要的因素，但这些问题只好放到别的文章里去说了。

原载《中国语文通讯》1983年第1期

“掘井九仞”说诵读

读过《孟子》的人，大多记得书上有这么一句话：“有为者，譬若掘井，掘井九轫（仞）而不及泉，犹为弃井也。”意思是，无论做什么事，一定要坚持做下去，不达目的决不罢休；如果半途而废，就会像挖井那样——泉水在地下十仞的深处，你挖了九仞没有见到泉水便停止工作，就等于挖了一口废井。这叫作功败于垂成，是很可惜的。

这个比喻也适用于学习。例如诵读课文是语文学习的一项基本功，除课堂上的诵读而外，课余的练习也绝不可少。道理人人明白，也愿意付诸实行，但许多人在实行三五个月之后又往往心灰意冷，以为此举未必有益，便不再实行，转而寻求其他的途径。这其实是急躁心理作怪：你刚刚“掘”到一二尺深的地方，怎么能见到“泉水”呢？结果自然是前功尽弃。

但比喻毕竟是比喻，它可以启发人们认识真理，却不是真理的确切表述。掘井和诵读自有其相同之处——都是一个量的积累过程。掘井必须一锄一锄地挖下去，直至十仞深处而后“及泉”；诵读也须一篇一篇地读下去，直至能融会贯通文章的道理。但二者实质上又大不相同：前者是机械性的劳动，挖一锄便有一锄的效应；后者则离不开思维活动，如果思维处于停滞状态，只是机械地发声，即使读了许多遍，也不过是浮光掠影，说不上有什么效应。因此，要诵读就必须把整个心思都放在文章上面，边读边想：作者究竟说了些什么？怎么说的？……如此读一遍悟出一点儿，读的次数越多悟出的东西也就越多；到了能背诵的地步，尽管还不能完全领会作者的用心，基本内容总是能够掌握的，这样也就把所读之文放在自己的心上了，这便是诵读的效应，它是伴随着心和口的同时活动产生的。

我们诵读课文的目的，无非是要提高阅读和写作的能力，这是完全办得到的。我们倒不必像古人那样“日诵万言”，每天只读一千字，再假定十天读熟一篇，初中三年下来就有一百多篇文章装在我们的大脑中了，要比较，要借鉴，都可以左右逢源，还愁什么看不懂、写不出呢？关键在于一定要坚持诵读，决不可时读时辍，这是我们从孟子这句话中应当得到的一个启示。

孟子的这句话其实并非他的独创，而是从孔子说的“譬如为山，未成一篑，止，吾止也；譬如平地，虽覆一篑，进，吾往也”脱化而来。二者的基本意思相同，但“弃井”的比喻不仅通俗易懂，而且形象生动，使人一看顿生自警之心——不过这是题外的话了。

原载处不详

从《卖柑者言》的教学设想谈初中文言文教学问题

拟定《卖柑者言》的教学设想，力求贯彻以下三项原则：第一，努力调动学生学习文言文的积极性和主动性，以学生自学为主，教师从旁启发、点拨；第二，把熟读成诵作为文言文的第一基本功，切实加强课堂的朗读练习，使学生借此不断地积累和巩固文言文的感性知识，养成良好的学习习惯；第三，从学生的年龄特征出发，在不妨碍学生理解课文（包括其中的重要语句）大意的前提下，尽可能地少讲古代汉语知识，而提倡"意会"，注意循序渐进，不强求"毕其功于一役"。

这篇课文的教学重点是揭示作者思路的发展过程和语言的讽刺性。突出这个重点，学生才能对封建官僚的腐败无能获得比较深刻的认识。为此，教师应当抓住作者的意图（即文章结尾所说的“愤世嫉俗”“托于柑以讽”），带领学生认真分析作者怎样围绕着一个“欺”字来精心安排全文（尤其是第三段）的层次，并仔细体会作者的遣词造句怎样服务于讽刺的目的。难点是生僻词语较多，这就要求教师根据这些词语的常用程度及其在表达内容上的作用，采用多种练习形式，使学生分别达到理解、熟悉或牢固掌握的程度。为了很好地实现上述要求，还应当加强朗读练习，使学生能做到当堂背诵全文。

下面就教学步骤提出几点建议。

预习建议

一、读课文两遍，第一遍参照注释读懂大意，第二遍把读不好的句子划出来。

二、把下列词语抄在笔记本上，并在书上做记号，利用课文注释或字典给其中的加点字拼音、释义。

1.出之烨然	2.贾十倍	3.争鬻之
4.衒外	5.实笾豆	6.惑愚瞽
7.洸洸乎	8.斁	9.食吾躯
10.坐皋比	11.醉醇醲	12.赫赫
13.坐糜廪粟	14.饫肥鲜	15.滑稽

三、思考题（不要求回答）：试将本课跟《伤仲永》作一比较，看看它们在表达方式上有哪些相同点，有哪些不

同点（可以提示学生注意主要段落的位置、记叙和议论的配合方式等等）。

第一课时建议

一、检查预习情况，要求学生根据课文注释口头介绍作者，教师做必要的解释和补充。检查难字的拼音和释义（学生互查与教师抽查相结合）。叫水平较低的学生试读：①“今夫佩虎符……果能授孙、吴之略耶？”②“又何往而不……也哉？”

二、朗读全文。

1.学生分段试读，教师组织评议读音、停顿、语气；然后由教师小结；最后领读难句。

2.教师范读（最好背诵）后，学生再齐读全文。

三、分析课文第一、二段，用提问的方式启发学生，逐步领会这两段文字的内容和写法，并理清作者的思路。问题如下：

（1）作者说，杭州这个卖水果的人很会贮藏柑子，却没有说出他怎样贮藏。那么，你从什么地方看出这个人会贮藏柑子？

〔说明〕估计学生能够答出下面三句话：“涉寒暑不溃”“出之烨然，玉质而金色”“贾十倍，人争鬻之。”据此，可再提几个补充性的问题，如：这三句话分别说明了什么？是从哪几方面说明的？其中最主要的是哪一方面？这样写，跟下文有什么关系？

（2）但作者又说，这个卖水果的人原来干的是欺骗的勾当，他根据什么？

〔说明〕估计学生回答的是下面几句话："剖之，如有烟扑口鼻，视其中，则干若败絮。"然后继续追问如下的问题："干若败絮"是什么意思？你能用自己的想象来描绘一下这种柑子内部的情形吗？请你回头看看第一段，在讲到"善藏"的时候作者故意隐去了什么不说？这样写有什么作用？

提问后，学生齐读这两段，并自行归纳段意。教师再做小结性的提问：①这两段话的意思正好相反，一段说"善藏"；一段说"为欺"。这样安排有什么作用？②这两段话的行文方式有什么不同？这两问的目的是，使学生懂得这两段话的写作特点：①一扬一抑（扬为主，抑为宾），使文字有波澜；②行文顺序不同，一个先总提后分述，一个先说理由后下结论。

〔说明〕在提问、分析过程中，教师随手将学生回答的要点按一定位置写在黑板上。这样，到小结的时候，整个板书就自然地形成了一个作者思路的示意图。

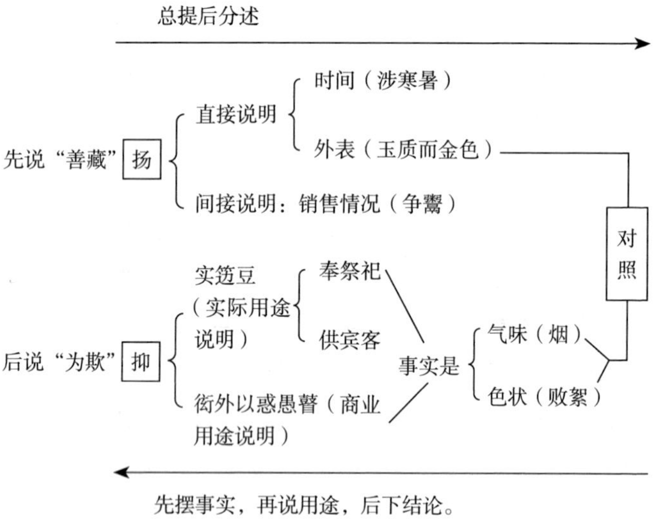

四、课堂练习：

1.词句练习

①根据上下文选择词义：

藏（收藏、储存、贮藏）

烨（光彩夺目、火光耀眼、五彩斑斓）

市（市场、出售、市集）

豆（豆子、木制祭器）

涉（干涉、从水中走过、经过）

②直译下面两句话：

“贾十倍。”

“甚矣哉为欺也！”（要求学生举出相似的例句，并知道古汉语中有省略和倒装的现象，不必讲道理。）

2.朗读这两段话，然后复述大意。

3.强记训练：先分段练习，并一直保留“作者思路示意图”（板书），最后擦去此图，再抽查个别学生。

五、作业（印发）：

1.关于这篇文章的中心思想有以下三种提法：①揭露卖柑者的欺骗行为；②揭露封建阶级官僚集团的腐败无能；③同时揭露以上两种人。你认为哪一种提法正确？请你仔细分析全文的脉络，从中找出有力的根据来证明你的论点。

2.试将下面这段“拟文”跟课文第三段作一比较，说明二者有什么不同。

先生之言差矣！世之为欺者甚众。今夫佩虎符、坐皋比者，洸若干城之具，而腹无孙、吴之谋；峨大冠、拖长绅者，昂若庙堂之器，而胸乏伊、皋之策。是故盗起而不知御，民困而不知救，吏奸而不知禁，法斁而不知理。观乎其外，则坐高堂、骑大马、醉醇醲而饫肥鲜，皆巍巍乎可畏，赫赫乎可象；察乎其中，则坐縻廪粟而不知耻。此不为欺乎？唯先生熟思之。（以下简称“拟文”。）

第二课时建议

一、检查作业：背诵第一、二段；鼓励学生试背全文。

二、分析课文第三、四段：

1.分析的准备：朗读这两段，然后指导学生划分、归纳第三段的层次。①从自己的职业引出“世之为欺者不寡”这一论点；②用文臣武将的腐败无能来证明，借以讽世；③反诘作者。

2.提问：作者质问的语气相当严厉，而卖柑者却笑着回答，这说明了什么？

提问的目的是，使学生能体会卖柑者说话时的思想感情状态：既有坦然自若、恬然自安的淡泊情怀，又有愤世嫉俗、针砭时弊的激愤心情，但不必急于拿出这个结论，而应结合文中的重要语句引导学生进行讨论。为此，可以让学生从以下的说法中选出正确的判断来。

①卖柑者认为自己干的是小小的欺骗，算不了什么。

②既然买者情愿，那就不能叫作欺骗。

③最重要的问题是上层统治集团在搞欺骗。

④卖柑者对作者的质问极为不满。

⑤卖柑者的目的是为了让作者了解他卖柑的真正用意。

可将这五条说法中加点的字写在黑板上，让学生反复考虑。（其中，应当肯定③是原因、⑤是目的。）

3. 提问：卖柑者认为统治集团搞欺骗的根据是什么？

可以继续追问：哪些语句说明“金玉其外”？哪些语句说明“败絮其中”？然后要求学生从外表到实质对此进行归类。

4. 进一步理清第三段的层次，找出前后呼应的语句。

〔说明〕这一部分也可用前法，师生共同绘出作者思路的示意图。圆括号中的数字表示层次。

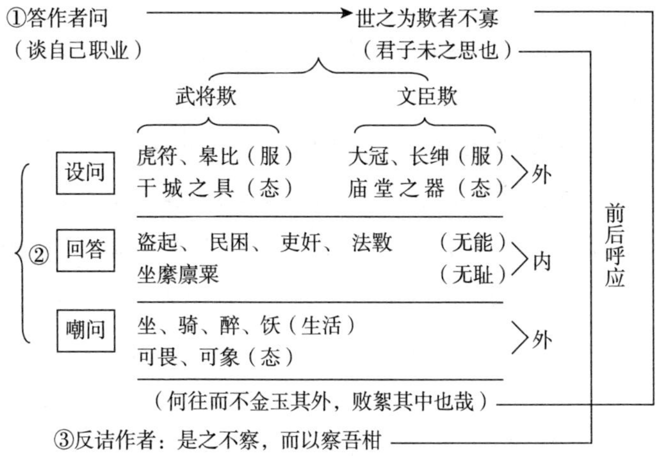

看着示意图，试背第三段。

5. 比较原文和“拟文”，齐读“拟文”后，让学生自由发言，不加限制。估计学生可能说出许多不同点，教师应善于因势利导，逐步集中，最后归纳出以下几个主要不同点。

①“拟文”反诘作者的语气削弱，成了卖柑者的自我辩解。

②“拟文”用“欺”字代替了“金玉其外，败絮其中”的形象说法，使这段话跟上下文的衔接显得不够紧密。

③由于将原文的一些反问句改为直陈句，拟文中缺乏嬉笑怒骂的风格，讽刺力量大大地削弱（这是最主要的不同点）。

④卖柑者“察世”的意图（亦即全文的总旨）变得不够明显了。

6.归纳全文中心：对教师所拟的三种提法做出选择。

〔说明〕在讨论中，为了开阔学生的思路，可以提出以下的问题：作者写此文的意图是什么？哪句话说明了他的意图？“愤世疾邪，而托于柑以讽”这句话是怎样推出来的？写柑子的形象跟表达本文中心有什么关系？……经过讨论，达到以下的认识：①作者的本意也是“愤世疾邪，而托于柑以讽”；②讽刺的深刻性在于：用柑的“金玉其外，败絮其中”的形象作类比，能够准确而鲜明地揭示文臣武将们的丑恶本质。

三、课堂练习：

1.解释下列词语：业是有年　食吾躯　未之思　略起困奸　斁　何往而不　是之不察

2.翻译下列句子并仿作：①而独不足子所乎？②孰不巍巍乎可畏，赫赫乎可象也？（注：仿作前可提示。）

3.强记练习、背诵全文（方法如前）。

通过《卖柑者言》的教学设想，我再谈谈初中文言文教学问题。

教和学是辩证的统一体：学生学习文言文离不开教师的指导；但是要想取得真正的成果，却又非自己认真学习不可，否则，充其量不过是教师教一点，学生懂一点而已。因此，强调学生“自己学会”，则应是文言文教学全部问题的出发点。所谓正确的或错误的指导，其根本区别也就在是否着眼于让学生“自己学会”（亦即使学生具有一定的自学能力，懂得读书的方法）这一点上。

那么，怎样教才有利于学生“自己学会”呢？在初中文言文教学中，有哪些值得普遍注意的问题呢？

一、要认真做好课前预习，迈出自学的第一步

长期以来，文言文的课前预习多流于形式，究其主要原因有二：（1）学生对文言文的兴趣不浓，没有养成预习

文言文的习惯；（2）学生认为教师反正要从头至尾地详解细讲，无须预习。

改变的办法有两个：第一，要精心设计预习作业的形式，不要限于“读课文一至二遍”之类。前述《卖柑者言》设想中的预习作业就增加了两项：一项是摘抄课文中的词语并加注音、解释，这不仅可以加强直观印象，有助于辨认字形，而且可以督促学生细读课文和注释，弄清词语中重点、难点之所在。另一项是思考题，目的在于以“温故”促“思新”，活跃学生思维，为启发式教学做准备。如果我们能仔细研究一下学生的实际和每篇课文的特点，还可以设计出更多更好的预习作业。第二，废除逐字逐句讲解的方式，消除学生的依赖心理，养成看注释、查字典的好习惯。现行初中教材中文言文的课文注释相当完备，《卖柑者言》一课就有39条注释，学生只要认真看，大部分语言障碍是可以扫除的，剩下少量需要教师讲解的，可以像上述“设想”中那样处理：或者“融入”内容分析中，或者作为课堂练习让学生结合一定的上下文自行领会。

学生在预习中碰到困难是好事。“不愤不启，不悱不发。”知道困难所在，或自己想办法排除，或听老师指点，才能解决得比较彻底，获得持久的印象。事实上，文言文里有些内容由于这样那样的原因，必须经过长时期的知识积累，并在生活阅历增多以后，才能彻底地懂得；对初中学生来说，一时不懂，只要不妨碍他们领会课文主要内容，可以暂时放过不管。

二、要善于启发学生积极思维，培养学习兴趣

这个问题前文已约略提到。之所以长期解决不了，主要是来自教师思想上的阻力，即认为文言文不适于采用启发式教学，理由是语言障碍和时代隔阂对学生领会课文内容大意的影响太大；与其“启而不发”，不如“喂鸡填鸭”，这种看法其实并不符合客观实际。语言障碍的问题上面已经说过，不再重复；仅就时代隔阂而言，也不像我们想象得那样严重，学生通过各种渠道（电影、电视、书、报、历史课、老人谈话等）已经得到的古代知识是一个不可忽视的因素，对消除时代隔阂、促进学生积极思维常常起着重要的作用。“启而不发”者，则说明这些因素还未被认识或未加利用。

文言文课文本身就存在着进行启发式教学的肥沃土壤，几乎篇篇都有能够唤起学生形象思维的成分，而在初中文言文课文里就更多。写景、抒情、记叙的文字自不待说，就是议论文里，也经常使用形象思维的手段，议论文的常用写作方法或修辞方法如类比、比喻、设事等都属于这样的手段。例如《卖柑者言》这篇课文就带有议论的性质，

但其中关于柑的形象的描写、关于文臣武将表情神态的描写都十分具体生动，都可以作为进行启发式教学的依据。前述“设想”在处理最难讲的第三段时，就是抓住卖柑者的表情“笑”来启发学生。这样的例子，在其他文言文课文里比比皆是，这要善于细心寻找。

当然，更值得研究的是启发学生的方式。综合各地教师创造的经验，大概有三种主要的启发方式，这些在前述“设想”里都用到了。第一，运用直观的手段。例如领读这一项，就是从模拟作者（或文章中的人物）的语气入手去体会原文所表达的思想感情，作者思路发展的示意图也带有直观的性质。在文言文教学中，可用的直观手段相当多，地图、画册、幻灯片，等等，对培养学习兴趣、开阔思路都具有重要的作用。第二，运用比较和选择答案的方式。例如讲作者语言的讽刺性，抽象地讲学生不易领会，拿“拟文”一比较便可一目了然。又如分析中心，拿几种不同的说法来供选择，经过讨论，消除了一些飘忽不定的看法，认识就会变得明确了。这样讲，课堂才显得生动活泼，能抓住学生的注意力。第三，运用提问的艺术。提问要有主次，选好一个主要的问题，一直追问下去，使学生的思维总是处在活跃状态之中；同时又紧扣课文，使学生一刻也离不开课本。

三、要把熟读成诵当作文言文的第一基本功

熟读是文言文教学中的“百年大计”。经验证明：当时不懂，但是会背，以后终究会懂；当时懂得，但不会背，以后也可能变为不懂。经验又证明：背得多，感性知识多，领会新知识就快，灵活应用的能力就强；反之就慢，就弱。可见熟读成诵实在应当看作文言文的第一基本功。

要求学生熟读课文，办法是使朗读成为一条贯穿全部课堂活动的线索，把看、听、想、写（写笔记）有机地结合起来，尽可能地增加“理解记忆”的因素，最后再进行强记训练。但强记的文字数量不宜过多，每节课以二百字左右为宜。

四、要把掌握实词看作文言文的第二基本功

中学生学习文言文的目的是培养独立阅读文言文的能力，能读懂大意即可，而读懂的关键在于实词，如果一句话中弄错了一个实词，也可能弄得全句皆错。古代的童蒙教育很重视训诂，就是这个缘故。训诂，就是解词。通过了这一关，下面的道路才好走。

掌握实词不能用死记的方法，不能单凭教师讲解，而要采用种种练习方式，让学生自己动手，并在一定的语言环境中学，这样才能保持牢固的记忆。前述“设想”在布置预习中规定了抄词语一项，又在课上进行多次练习，就是根据这个意思设计的。这一点对初中学生尤为重要。

五、要尽可能地少讲古代汉语知识

前文提到，古代汉语知识可以讲一点，为的是让学生注意某些现象（如省略、倒装之类），但不要深究，更不要把专家们的不同意见带进课堂。目前初中教学中的问题仍是讲得过多，过于繁琐，这既不适应学生的年龄特征，又不符合语言学习的规律。尤其对于虚词，主要应当通过反复诵读来领会，硬译成现代词语，则很容易出现“胶柱鼓瑟”的毛病。

原载《语文教学通讯》1982年第12期，后收入张定远编《文言文教学论集》，新蕾出版社1986年版

《教战守策》教学设想

一、设想的出发点

高中文言文教学应着重研究的问题是，怎样更好地指导学生自学，以迅速提高学生阅读文言文的能力。这种能力指的是一般阅读能力，即从事各行各业的人们在工作和学习需要的时候，能够比较顺利地阅读古代典籍的能力。具体地说，大致包括以下四点：（1）在词典或少量注释的帮助下能看懂文章大意；（2）能基本上理清层次，抓住内容要点，必要时能记住文中的佳句；（3）能分辨精华和糟粕，善于从中吸收思想养料和文化养料；（4）能从中学到一些至今仍有生命力的词语，以丰富自己的语言仓库。这些都不是低标准，但只要按文言文教学规律办事，付出一定的努力，并不难于达到。

这是就文言文教学的全局说的。至于每一篇课文的教学，侧重点自然可以有所不同，然而都必须在这个全局的指导下来进行。下面将要说到的《教战守策》教学设想就是根据这样的认识作出的。

二、设想的要点

先说预习。拟提出以下三项要求。（1）看注释，弄清课文大意，并画出难词难句。（2）朗读课文，至少两遍，第一遍发现读得不顺畅的地方要反复地练习，第二遍连贯地读下来。（3）比较一下关于文题的三种解释：①阐述进攻和防御的策略；②阐述防御外敌侵犯的策略；③关于加强战备对付侵略的建议。细读全文后，说说哪一种解释比较切合原意。

再说教学过程。全课用两节课（非重点校可酌增）讲完。

第一节的任务是读懂文章大意。具体安排如下：

1.朗读课文：首先教读难句，要求做到轻重分明、停顿长短恰当，并根据文言文朗读的特点适当掌握某些字的时值。例如（“·”表重读；“◦”表轻读；“‖”表较长的停顿，“|”表较短停顿；“÷”表音的延长）：

先王‖知兵之不可去也，是故‖天下虽平，不

敢‖忘战。王公|贵人‖所以养其身者，岂不‖至哉

夫‖风雨|霜露|寒暑|之变，此‖疾之所由生也

其次领读佳句，包括第一段、第三段“今者”至段末、第四段“奉之者有限”至“必有不测”、第五段最后一大句。

最后学生试读全文（必要时教师范读）。

2.词句释疑：先由学生提出疑难词句，再用启发诱导的方式（包括反问等）来解决疑难。例如（括号中是答案）：

（1）“去兵”一语有以下的意思：①解散部队；②废除军备；③销毁武器；④避免战争。哪一条适用于“以去兵为王者之盛节”一句？（②）哪一条适用于“天下果未能去兵”一句？（④）

（2）“不战而走”跟下文哪一句呼应？（“兽奔鸟窜”，“走”“奔”“窜”同义）

（3）“其筋骸……狎风雨”一句中的互文有几处？（两处）哪些词的意思相近或相同？（“冲犯”和“浸渍”相近；“轻”和“狎”相同）哪些词的意思相互补充？（“筋

骸”和“肌肤”；“霜露”和“风雨”）请你用现代语说说全句的意思。（他们一年到头都在风雨霜露中劳动，体质增强了，不怕气候的变化。）

（4）“无故而动民”有三种解释：①无故扰民；②天下无事而使民习战；③随意动用民力。你认为哪一种正确？（②）

3.分析题目的含义（②、③都正确，见“预习要求”）。

4.课后作业题：①阅读《中国历史》课本第二册有关北宋的部分（即第四章前三节），再细读课文，看看作者对当时形势作了怎样的分析，又提出了怎样的对策。②作者在阐述自己正确主张的同时，批判了哪些错误观点？

第二节的任务是，了解本文作为策论的两个显著特点：作者的远见卓识和文字的锋芒。安排如下：

1.关于作者对当时形势的分析：

教师可先指出本文的写作年代（在宋仁宗嘉祐年间，距北宋开国约百年，距其灭亡约七十年），是宋王朝政治危机、军事危机、经济危机总爆发的年代，引导学生根据历史知识作极为简要的补充，然后提问学生：在作者看来，当时的主要危机是什么？（军事危机）在讨论中，要紧扣首段中“知安而不知危，能逸而不能劳”两句及第四段结句（特别是其中“大患”一语），使学生注意作者行文的相互呼应处，并初步掌握文章的中心论点即“不知危”。

为了进一步认识作者的远见卓识，可再提问学生：作者对当时的哪些重大问题作了分析和论断？（①宋王朝的对外妥协政策，论断是“其势必至于战”，见于第四段，这是全文的主要论断；②全国上下战备松弛，论断是“畏之太甚而养之太过”，见于第三段；③各地驻军的骄横，论断是唯使民习兵能“破其奸谋而折其骄气”，见于第六段。）接着分析作者提出的对策，可用“尊尚武勇，使民习兵”八个字加以概括。

在学生充分理解作者在精辟分析形势的基础上提出对策这个主要之点以后，可以再提问学生：第二段在全文中起什么作用？（总结历史教训，提供理论根据。）

这样一个分析内容的过程，实际上又是分析文章层次的过程。提问完毕，可叫学生小结一下各层次的大意及作用。（①提出中心论点；②从理论上论证；③④从国内外形势进行论证；⑤提出对策；⑥补充论证。）

2.关于文字锋芒的分析，采用下列三种方式进行：

（1）改写：试将第一段改写为：“夫当今生民之患，在于不知危，不能劳。臣以为此患必将见于他日，今须为之计。愿为陛下言之。”再与原文作比较。（原文有气势，有针对性，有论争的意味，问题提得尖锐而明确。）

（2）区分：文中提到“迂腐”“士大夫”“愚者”“议者”四种人的言论。这四种人，哪是专指？哪是泛指？（“迂腐”是泛指，余皆专指，指当时统治集团中的主和派）作者是怎样批判后三种人（实际是一种人）的言论的？（答案略）

（3）在朗读中加以体会（除朗读“领读佳句”中所规定的句段而外，再如上第六段最后一大句）。

3.布置课后作业：①熟读全文，背诵领读过的佳句；②将本文跟《谏太宗十思疏》作一比较，在内容和写法上有哪些相同点？有哪些不同点？

三、关于“设想”的说明

（一）“设想”里基本上没有涉及语法和翻译。古汉语语法和翻译是很不容易学好的，没有大量的古汉语感性知识和较好的语言修养做基础，而大讲理论语法或翻译道理，只能把学生弄得稀里糊涂，莫衷一是。笔者认为，要讲也只能讲一点儿真正有实际用处的东西，而基点仍要放在熟读、自学上面，求其会意，不求逐字“对号”。那种把文言文课变成古汉语课或翻译课的简单做法，则须绝对禁止。至于高中文科班学生，也可以给一点儿比较系统的知识（最好采用课外讲座的形式，使照顾面广一点儿），但这不等于可以照搬大学古汉语课程。

（二）布置预习和课后作业，对培养学生自学能力具有重要作用。这类作业题既要注重语言训练，又要照顾到文章全局。例如“设想”里的预习题，前两题着眼于语言训练（这是学习中的困难部分），第三题则着眼于文章全局（非此不足以激发学生的学习兴趣）。应当指出：学生能否预习，关键在于教师是否把它当作一个必要的教学环节来抓；如果篇篇课文都用“对号入座”的方式来讲，所有注释都要在课上重说一遍，学生养成了依赖心理，就不愿预习了——这对培养自学能力是一个极大的妨害。

（三）朗读是培养学生语感的主要手段，在文言文教学中尤其如此；整个中学阶段都应充分利用这一手段。因此对朗读要有认真的指导。这指的是：（1）善于以朗读激发学生学习课文的兴趣；（2）提出的要求要适当；（3）能够把朗读的过程变为会意的过程，通过朗读声调的高低徐疾使学生受到作者思想感情的感染。“设想”里的“教读”和“领读”就是据此设计的，但有一点没有写出来，就是：朗读是贯穿教学全过程的。例如，在分析中也可加进朗读。

（四）词句释疑不是单纯地讲知识，重要问题在于教给学生解决疑难的方法。“设想”里的“词句释疑”就包括了依句释词、利用互文、掌握行文脉络等方法，总的精神是要求学生注意具体的语言环境。这些方法都要反复练习运用，养成习惯，才能在独立阅读中发挥作用。

（五）文章层次和思想内容的分析，实质上就是思维训练。要根据文章内容、写法和体裁的某些特点不拘一格地提问学生，才能使学生的思维活跃起来。在这方面，“设想”主要是抓住了课文的体裁特点，以作者对当时形势的分析为“突破口”，进而阐明他的对策，最后说到文字的锋芒。这样一个分析过程跟语言的分析又是紧密结合在一起的，预期学生在基本了解文章内容的基础上，反过来能自动澄清原来对某些语句的模糊认识。这样，学生的头脑里就会逐渐出现一个“豁然开朗”的境界。

原载《语文学习》1984年第3期

《五柳先生传》教学实录

师：[板书陶渊明《桃花源诗》中的几个诗句：“相命肆（从事）农耕”“桑竹垂（落下）余荫”“鸡犬互鸣吠（鸡吠相闻）”] 这样的图景，我们在过去读过的哪一篇课文里曾见到过？

生（齐答）：陶渊明的《桃花源记》。

（教师率领学生一齐背诵“土地平旷……并怡然自乐”一段。）

师：这写的是陶渊明的理想社会，是一幅很好的风习画。现在大家可以猜到我们今天要学的课文了吧？

生（齐答）：《五柳先生传》。

（教师板书课题并范背全文；然后让学生自读课文，并下位巡视，回答个别学生的提问。）

师：这篇课文要分两段练习背诵：第一段是传的正文，

第二段叫“赞”。（板书：传文——赞）“赞”是史家对人物所做的评论。这是古代史传的体例：先有传文，后有史家的评语。我们先背传文。现在请大家先考虑一个问题：假如说，刚才我们背过的《桃花源记》中那一段是一幅风习画，那么，这篇传文可以称为一幅怎样的画呢？

生：性格画。（还有说“风格画”的）

师：意思对了，可没有这种说法。还是叫“人物画像”吧。（板书这四个字）你们看，好像不经意地点染几笔，就把五柳先生的音容笑貌给画出来了。现在请大声诵读第一段。

（学生齐读一遍后，教师要求学生边看边背读第二遍；然后领读第一段，并指示学生中有能背诵的可以跟老师一齐读，再随其余同学读第二遍。）

师：本段最后一句“以此自终”是什么意思？

生：就这样过完了他的一生。

师：我要提示一点：陶渊明写五柳先生，实际上是写他自己，可是他此刻没有死，这里又说“以此自终”。为什么要这么写？我来读一首陶渊明的《挽歌辞》，大家自然明白。（教师朗诵诗中有关的句子，并略作解释。）你们看，陶渊明在死前不仅给自己写了挽歌，而且写了一篇传文，给自己的一生做了一个很好的总结。

（学生齐背传文。教师接着讲述史传体例，开头要点明传主的姓字和籍贯，叫作“史传引语”，并板书。）

师：我想在这段传文里加上一句话：“其为人也。”（板书）你们看，放在哪里恰当。

生（甲）：加在最后。

生（乙）：加在“闲静少言”前面。

师：加在“闲静少言”前面好，因为从这里开始说五柳先生的性格。但严格地说，又不能加这一句，一加，把陶渊明的风格都弄得没有了。陶渊明的风格非常自然、简朴，可有可无的字眼一概删掉。大家再看，“闲静少言，不慕荣利”这两句在整个传文中有什么作用？

生：总写。

师：对。（板书：总写）你看，五柳先生平时很少说话，安闲自得，不把名声、利禄放在心上，精髓就在这里。下面是分几个层次写的呢？

生：到“便欣然忘食”是第一层；到“曾不吝情去留”是第二层；以下是第三层。

（教师小结，指出下文除写生活起居而外，还写了五柳先生的抱负，最后两句是总括全篇。学生练习背诵传文，随后指定四位同学接背这一段。）

师：同学们背得很好。现在练习背诵“赞曰”这一段。

（学生自读约两分钟后，全班试背一次。）

师：好。这一段，我也想给它加一句话："彼何人哉？"（板书这一句）加在哪儿好呢？

生："以乐其志"之后。

师：对啦。同学们很聪明，一下就看出来了。因为最后两句正是对"彼何人哉"这个问题的回答。弄清这个理路，这一段就不难背诵。

（学生练习背诵。互相检查。齐背。一位学生起立背诵。）

师：背得好。再看整篇课文，它给人以"神龙见首不见尾"的感觉。先看文章开头，说"不知""不详"，妙在什么地方？

生：设置悬念。

师：这到底是个什么人呢？他隐名埋姓，连籍贯也不知道，这才是真正的隐士。再看下面，他读书，有什么追求？

生："每有会意，便欣然忘食。"

师：对。"欣然忘食"——你们做得到吗？一部作品，一篇文章，读懂了，高兴得连吃饭都忘记了——这是读书的最高境界。再看写喝酒这一段，说说境界高在哪里。

生："造饮辄尽，期在必醉，既醉而退，曾不吝情去留。”

师：想喝就喝，想走就走，流露了真情。下面写衣、食、住，哪个字眼最重要？

生：“晏如也。”

师：“短褐”是什么人穿的？

生：平民。

师：对。作者把五柳先生排在“短衣帮”里了。到这里，神龙之“首”已见，那么，“尾”呢？“尾”在“无怀氏之民欤？葛天氏之民欤？”——它隐到几千年前去了，看不见了。

（学生齐诵全篇课文）

师：课文就学到这里。我们读文言文常要记诵一些名句。大家知道“落霞与孤鹜齐飞，秋水共长天一色”这两个名句出自哪一篇文章吗？

生（兴奋地）：王勃的《滕王阁序》。

师：对。课前我唱了一支江西民歌，算是给同学们的一件礼品；现在再给大家一件——如果我在南昌当高一语文教师，那我第一篇就教《滕王阁序》。

（教师背诵《滕王阁序》全文，学生热烈鼓掌。）

师：我背这篇文章，也就是你们这个年龄，当时只懂得一个大概，但并不妨碍背诵。我想，作为一个南昌人，一定要把《滕王阁序》背下来。这是我对你们的一点希望。（学生鼓掌表示同意）今天的课堂就上到这里。下课。

作者自注：这次讲课时在1997年11月，地点在江西南昌市铁一中，一课时。事前未宣布课题。《五柳先生传》当时编在人教社高中《语文》试用本第一册。滕王阁就在该校附近的赣江之滨。

（张必锟执教，江西南昌市铁一中朱小平整理）

附1：

一堂真正的文言文自读课

礼 出

目前文言文自读课上相当普遍的情况依旧是：教师絮絮不休地解词、译句、讲篇章，学生不停地记笔记，很难听到琅琅书声。张必锟老师的教法，则与此大不相同。他教《五柳先生传》，重在激活学生的诵读兴趣并对诵读做具体指导，使学生在反复诵读中逐步加深理解和感悟，从而在短短的30多分钟内达到了基本成诵。课堂的气氛轻松而又活泼。我以为这是一堂真正的文言自读课。

张老师启发学生的诵读兴趣，主要表现在导入和向课外延伸这两个环节上。他的导入方式很特别：从板书陶渊明《桃花源诗》中个别句子，自然联系到《桃花源记》中寄托了作者社会理想那一段文字；然后通过比较，把这段文字比作一幅风习画，再把《五柳先生传》比作作者的自画像。这样导入新课，既点明了课文的要旨，给了学生一把开启课文意境的钥匙，又活跃了学生的思维。至于向课外延伸，张老师则因地制宜，利用滕王阁就在学校附近这一优越条件，以有表情地背诵王勃的《滕王阁序》来感染学生，使学生听得入了迷，如同亲见作者当日为文的场景。毫无疑问，这样做必将大大增强学生诵读文言文的愿望。

再说张老师对学生诵读的指导。他的指导乍看颇有点"即兴"的味道——对每个语段的内容，他只用三言两语加以点拨，而不搞逐句串讲，也不做什么发挥；但深究起来，他又是有心而为，为的是促使学生自行领悟，从而将背诵置于理解记忆的基础之上。这种指导方式我以为值得倡导，因为较难理解的语句注释里已经说得很清楚，没有重复的必要，关键在于要使学生凭着自己的感悟把它们联成一个整体，这样才能既见"树"又见"林"。下面我再从两个方面说说这种指导方式的特点：

其一是抓住要害，使学生从整体上感知课文的内容。具体表现是，在学习传文这个部分时，张老师十分看重它的首、尾两句；先说明史传的体例，经过比较，使学生从“先生不知何许人也，亦不详其姓字”这两句话中感受到一个活脱脱的隐士的风貌；然后利用“忘怀得失，以此自终”这两句话设问以引起学生思考，又引用作者《挽歌辞》第三首中的个别诗句，略做解释，让学生领略一个隐士的豁达情怀。这样的指导，就在一定程度上显现了文章的神韵，学生也由此而获得了理解和记诵的“支撑点”。

其二是梳理脉络，为学生自学文言文奠定一个良好的基础。张老师自出心裁地给传文部分和“赞曰”部分各加上一句话，即“其为人也”和“彼何人哉”，这正如他本人所说，不合陶渊明的风格，但有了这两句话，学生才便于掌握文章的脉络。对传文部分的层次，张老师尤其重视，先指出“闲静”两句是总写，然后逐层设问，启发学生思考，引导学生理解各层内容要点。各层内容既明，文句的意思也就不难揣摩出来。

这节课上没有解词，许多听课老师对此感到困惑，但我想张老师这样做必有他的理由，可以作为一个问题保留下来。

张老师曾多次对我说，教文言文，要使学生读的是文言，听的是文言，想的也是文言，非如此就不能使学生养成足够的参与意识并获得较好的文言语感。统观《五柳先生传》这节课，他正是这样做的。

末了，我还想说说张老师课前跟同学们一同唱歌一事。有些人认为大可不必，我的看法则恰恰相反。教学不是教师单方面向学生灌输知识，而是师生共同参与的活动，因此，没有师生间感情的融合，没有相互的尊重和信赖，就难以激发学生的学习热情和参与意识；而对于一位远道而来、与学生素昧平生的教师来说，唱歌也许不失为一种很好的感情交流方式。仅此一端，即可看出张老师对教学上的某些细节问题，也不轻易放过。这节课之所以进行得活泼、有生气，不能说与此无关吧？

原载《中学语文教学》2001年第11期

附2：

张必锟答礼出信

礼老师：

您好！

华函及大作敬诵一过。承蒙过誉，感愧良多。

我这节课平常得很，平日上课也是如此。我不大喜欢“公开课”这个词儿，一“公开”就不是教学生，而是表演给听课的老师们看了，失去了教学的本义，所以，我历来上这样的课，到课前10分钟才宣布课题，略事预习就开始上课，至于成败利钝，则非所与计。您说这节课是成功的，使我感到莫大安慰，然而我自知这主要是因为学生配合得好；还有一条是，我很轻松，想怎么讲就怎么讲，尽管听课教师多达百余人，我眼里没有他们，不担心有人挑毛病——这是“精神胜利法”，说来您会见笑的。

大作中反复谈到“以讲代读”“忽视朗读和背诵”等现象。这正是目前语文教学症结之所在。课文是知识的本源，不读课文或读而不熟，则所谓知识岂不成了无源之水、无本之木？虽一时记得，终不免化为虚无。这些年来，我们的教学改来改去，却不在这个根本点上下功夫，所以收效甚微。我完全同意您的提法，要让学生在熟读中求懂，要重视语言的积累，可惜您我都老了，每念及此，不免有杯水车薪之叹！

大作又提到“墨守《教参》”的做法，以为无益于教学，确实深中时弊。过去我曾怀疑叶老“教参害死人”的说法，以为教参无非是钻研教材的一个例子，是一家之言，作用仅在于给教师打开思路，可采者采之，不可采者弃之，怎么会“害死人”呢？但是，看看最近这些年的实际情形，我不得不承认他老人家说对了。这是谁之罪呢？尤其使人不解的是，教参是写给老师看的，而教学要受学生理解水平、精神状态等条件的制约，二者之不同洞若观火，照搬教参只能使学生如雾中观花，难得有深切的体会。近20年来我应几家出版社要求写教参，写了多少不记得了，仅人教社一家约在百万字以上，可我从不照搬自己写的那些东西——我知道，一旦照搬学生就会昏昏欲睡的。这并不意味着我写教参是为了欺骗同行们，因为那的确是我钻研教材的真实体会。然而，这并非教学设计。

使我感到高兴的是，您对我的那些“多余之举”所作的解释，跟我当初的想法完全一致。教学是一种交流的艺术，而实现师生间的交流所不可或缺的条件有二：一是学生对老师感到亲切；二是学生对所讲内容有兴趣。感到亲切，才有交流的愿望；有兴趣，才有交流的内容。这种交流，首先是心灵的交流——它是看不见的，却又是实实在在存在着的；其次才是师生间的问答。促进交流的办法是多种多样的，而且因人因时而异。我因为是初次跟学生见面，只能那样做。

唯一需要解释的是词语解释问题。我以为高中课本里的文言词语大体上可分两类：一类是意义单纯、用法一般的；另一类是意义比较复杂，用法也比较特殊的。前一类词语如已有注释，可以不讲；没有注释也只宜在诵读过程中略作解释，只要学生熟读课文，必能自行领悟。后一类词语则不仅要讲它们在课文中的意思，还可以讲讲本义及引申方法，甚至连利用“互文”“破假借”之类的常识也可以讲一点，目的是使学生了解一点探究词义的方法。《五柳先生传》中的词语大多属于前一类，所以不讲。有的词如“兹”，用法虽复杂，但学生是首次接触，不宜讲。有些选本对此字有误解，将它所在那句话断为“其言兹，若人之俦乎”，这就更复杂，更不宜讲给学生听了。文言词语的解释可以留下一点“空白”，让学生在反复诵读过程中自行填补，不知您以为然否？

近期会议颇多，迟复为歉。书不尽意。即颂

夏祺！

张必锟

1998年6月14日

原载《普通高中新课程方案试教动态》

第15期（1998年7月），

山西省普通高中新课程方案试验指导组编

《师说》诵读教学设想

前　言

这篇教学设想是三年前写的，那时人民教育出版社的《文言读本》正在几十所中学试教，用的是诵读教学法，课堂以学生练习诵读为主，力求达到当堂基本成诵。因此，我写的教学设想被收入了和《文言读本》配套使用的教学参考书。当时我写此文不过是为了探路，所以写法跟通常的教学设想不同。这种诵读教学法，起初只是小范围内的事。现在则有所不同：新编的高中语文课本已开始在江西、山西两省和天津市全面铺开试教，并将于2000年推广到全国使用；课本的第一、二册有文言课文24篇，也要求当堂基本成诵。如此看来，文言文的诵读教学法无疑将成为一个具有普遍意义的课题。

文言诵读法的显著特点是通过口诵心悟培养学生的

语感和独立阅读能力。它不同于旧时书塾的教读方式，不是让学生一味死记硬背，而是科学地指导学生诵读，以粗知大意促进记诵；也不同于这些年普遍采用的串讲法，它不搞“字字落实”，不逐句翻译课文，而着重从整体上理解课文，把握文章理路。这样的记诵难免含有机械记忆成分，但这是正常的，用一、二、三节课学一篇文言文而能完全透彻地理解，不仅学生做不到，教师恐怕也难以做到。

这种教法对新教材是否适用呢？我来举两个例子：去年10月，我在天津市塘沽一中听吴洪霞老师教读《过秦论》，一节课学生能背诵第四、五两段（共288字）；11月，我在南昌市铁一中试教《五柳先生传》，学生仅用35分钟即能大体背诵全文（172字），余下10分钟我因势利导，向课外延伸，鼓励学生练习背诵王勃的《滕王阁序》（滕王阁就在该校西北方），并示范背诵了它的全文。这两节课都是以学生诵读为主，课堂空气十分活跃。

最后说明一点：文言诵读教学法有丰富多样的模式，决不限于这篇短文所提供的这一种；我把它发表出来，正是古人所说“它山之石，可以攻玉”的意思。

在这个天地里，最需要的是创造的才能。

一、基本设想

1.教学重点和难点——本文有破有立，而侧重在破。开头论述从师的必要性和择师的标准，是谓之“立”；而立此标准，正是为了破。第二段即以“师道之不传”领出破的内容，广泛地论及当时社会上各种“耻于从师”的现象，占全文篇幅一半以上，可见这是文章的核心部分，应视为教学重点。突出这个重点，才能看出韩愈反对流俗的巨大勇气和坚持真理的精神。以下，先从“圣人无常师”推出“术业有专攻”这一新的命题（可视为补充论述），后以说明写作缘由作结（乃篇末点题之法），皆章法所需，学生能粗知大意即可，不必多讲。

第二段不仅是重点，也是难点。其一，它所说的“耻学于师”不是一般性问题，必须联系当时的特殊社会背景进行分析，才能使学生较好地理解作者提出这一问题的思想意义；其二，这段文字汪洋恣肆而又旗帜鲜明，表达了作者针砭时弊的强烈感情，但学生未必能体会出来，这就要求教师在朗读上给予具体指导，否则将不利于记诵。把这两个问题解决得好而又费时不多，便是困难之所在。

2.教学方法——按照先易后难的原则，拟先着重诵读第一、二、四段，然后诵读第二段。之所以要采用这种非常规的诵读方式，是因为第二段的内容比较复杂，有些问题非经讨论不易了然于心，而讨论这些问题，非了解文章全局不可。第一段也要讨论，但不必费很大的气力，关键是要弄清“道”的概念；第三、四段就内容和章法的问题予以点拨，不会费时很多。根据从前的教学实践经验，学生记诵这三个段都比较快。这样做，有利于提高学生诵读的兴趣。本文中的难句较多，虚词的用法也比较复杂，适当解释一下是必要的，但切忌烦琐，仍重在学生自行领悟。有些词句特别是虚词可以用比较的方式来启发学生，要把审辞气放在主要位置上，并和诵读结合起来，一边读一边品味，从中体会作者的思想感情。

二、诵读的准备

主要任务有两项，应在课前预习中完成。

1.以阅读柳宗元《答韦中立论师道书》的一段文字促使学生注意韩愈作《师说》时的特殊背景。这段文字被引用在“诵读提示”中，但有省略，现补充抄写如下（文中加横线的是补充句子，可加圆括号并注明顺序，抄在黑板上，供学生参考）：

①自魏晋氏以下，人益（更加）不事师（从

师），今之世（指唐代），不闻有师；②有，辄哗之，以为狂人。独韩愈不顾流俗，犯笑侮，收召后学（学生），作《师说》，因抗颜（态度严正不屈）而为师。③世（当时人）果群怪聚骂、指目牵引，而增与为言辞。愈是以得狂名。

这件事做起来并不费力，但好处甚大。第一，只要稍做解释（例如魏晋实行九品中正制，社会上“门第观念”很深；唐代以官爵的高下区分门第，有“高门”“寒门”之分），学生就可以了解韩愈作此文的特殊背景；第二，柳文中的某些话，如“有，辄哗之，以为狂人”“抗颜而为师”等，都可以从课文中找到证明，对照起来读，兴味一定很浓；第三，还可以激发学生朗读的兴趣（详见下）。

2.要求读出一点语气。可以先做如下提示：

从柳文“群怪聚骂、指目牵引，而增与为言辞”这些话可以看出，韩愈此文在当时确实引起了强烈的反响，遭到了许多人的指责和谩骂。其所以如此，是因为作者旗帜鲜明，敢于坚持真理，敢于对抗流俗，这就不可避免地要刺痛一些人。了解这一点，并在试读一遍之后将课文中下面两类语句画出来，仔细加以品味，就可以读出语气了。一类是阐述正确主张的语句（如“道之所存，师之所存也”），另一类是批判恶劣时尚的语句（如“今其智乃反不能及，其可怪也欤”）。每一类能画出2~4句即可，也不要求画得准确，因为目的在于为连贯记诵寻找支撑点和培养学生自读文言文的良好习惯。

三、诵读指导

这篇课文的诵读指导包括疏通文意、弄清理路、品味语气三项内容，但各段的侧重点不同。

第一段要点如下：

1.画出长句中的停顿，如：夫/庸知/其年之先后/生于吾乎？

2.“道之所存，师之所存也”也是判断句的一种形式。

3.全段用总提（前两句）分承方式：第三、四句承“解惑”；第五、六、七句承“传道”。据此可分三小层，即教师的任务、从师的必要性、择师的标准。

4.用下面两句话跟原句相比，看看语气有什么不同：

人非生而知之者，岂能无惑？（简单的反问句，不如原句用“孰”，有照应下文“古之圣人”的作用，强调无人例外）

其为惑（　）终不解矣　　其闻道（　）固先乎吾（不如原句用“也”表示提顿，有惊醒读者的作用）

第二段共240字，内容又有一定的广度和深度。为克服记诵的困难，可分三层练习背诵，最后连贯背诵全段。

第一层（开头至“其皆出于此乎”）指导要点如下：

1.首句“师道之不传也久矣”有两种作用：一是过渡（上文说“古”，由此开始说“今”），二是提示本段内容（将论述“师道不传”的原因）。前人谓“似起似承”，即指此而言。

2.用“古之圣人”和“今之众人”作对比论述，先对比学风（“从师而问”和“耻学于师”），后对比两种结果（“益圣”和“益愚”）——“众人”，指士大夫之族，不包括“巫医乐师百工之人”和“不拘于时”者（如李蟠）。文言文中常有这种以全代偏的辞格。

3.下面几句话如删去加括号的虚词，意味有什么变化？

师道（之）不传（也）久矣：慨叹之意不足。

犹（且）从师而问焉：强调之意不足。

（其）皆出于此（乎）：变问为陈述，平淡无奇。

第二层（“爱其子”至“吾未见其明也”）指导要点如下：

1.将为子择师和其身耻师这两种现象作对比论述，要害是“惑矣”二字，为下文“小学而大遗”张本。

2.用“不知句读而从师，不解惑而耻学于师”跟原来的表达方式作比较：原句用交错叙述法，又加上倒装句式，使长句化短，行文有波澜，读来铿锵有力。

3.本层中的两个“也”都表示肯定语气。

第三层（“巫医乐师”至段末）指导要点如下：

1.将巫医乐师百工之人跟士大夫之族作对比论述，而侧重说士大夫之族“耻学于师”的表现，因为这正是作者批判的对象。这段话锋芒毕露，最易招致“群怪聚骂”。

2.“位卑则足羞，官盛则近谀。”删去这两句，并不影响行文的连贯，但这恰恰是问题的要害——指出门第观念对择师的危害。作者针砭时弊，主要目标在此。

3.“呜呼！师道之不复，可知矣”已将本段收住，再说“巫医乐师……其可怪也欤”，就大大加强了批判的力量。

4.据下列提示品味虚词所表达的语气：

“呜呼”和“嗟乎”能否互换位置（有时区别不严格，但在本段中则显然有别，“呜呼”表示悲叹，“嗟乎”表示慨叹）。

“今其智（乃）反不能及”（去掉“乃”就成了客观叙述；加“乃”，有出人意料之意）。

“其可怪也欤（怪哉）”（“怪哉”有不可解之意，不好；

“其可怪也”是极言这种现象反常，再加“欤”，更有发人深思之意，讥讽之中兼含劝谕，这才合乎作者意图）。

以上分层是为了诵读的方便。如果时间充裕，在学生连贯背诵全段之后，可以再按理路分层：第一层（开头两句）提出师道长期失传的问题；第二层（“古之圣人……官盛则近谀”）分析问题产生的原因。先总提后分说，归结为门第观念作祟；第三层（“呜呼”到段末）归纳本段主旨。

教读这一段，教师的领读是十分必要的。

第三段指导要点如下：

1. “圣人无常师”，是本段立论出发点。这是子贡赞孔子的话，所以下句引孔子师事苌弘等四人来证明。“郯子之徒，其贤不及孔子”是作者评论的话，其下省略“而孔子师之，其何故哉”之类的话，所以接着用孔子的话作答——此为前一层。再用“是故”引出作者的结论：“闻道”照应开头；“术业”是新的论点，这是从百工之人不耻相师和孔子师事郯子之徒的事实中推出来的，使作者全文立论更为完善——此为后一层。弄清这个理路，自然容易成诵。

2. “术业”包括技术、专长、学问等，内涵较广。

3. “如是而已”是用限制语气表示决断。

第四段可以用问题来启发学生：

能不能将本段移至开头，再加“其文曰”三字引出下文？（“不拘于时”和“能行古道”二语是点睛之笔，放在开头，读者不明所指，不如卒章显志为好——借李蟠树立榜样）

四、内容点拨

可以抓住两个问题来启发学生讨论，并将全文内容贯穿起来，然后让学生说说自己的感受。学生谈自己受到的启发应是开放性的，不拘一格。这两个问题是：

1.对“道之所存，师之所存也”如何理解？

在韩愈看来，教师最重要的任务就是“传道”，他“收召后学”，“抗颜而为师”，主要目的就是要传道，即恢复儒家的道统（从“好古文，六艺经传皆通习之”和赞扬孔子好学可以看出这一点来），所以贯穿全文的主线是“师道”二字。“道”是知识的统帅，“师道”才能学到根本上。至于“受业”，这是其次的任务，所以首段不再提，到第二段才以“彼童子之师，授之书而习其句读者，非吾所谓传其道解其惑者也”相照应。“师道”，正是本文宏旨所在。

2.对士大夫之族是怎样严厉批判的？

“位卑则足羞，官盛则近谀”是士大夫之族的特殊心态，也是门第观念很深的反映，而门第观念跟以道为师的正确主张是针锋相对的。韩愈无情地嘲笑了这类人在这种观念影响下变得更加愚蠢，说他们的智慧比不上百工之人，语气十分严厉。此外，有些话如“欲人之无惑也难矣”，表面上是慨叹，其实也骂尽了这个阶层中的不学无术之辈；如“无贵无贱”，看起来是正面陈述主张，实际上是对这个阶层择师标准的彻底否定。

作者自注：本文写于1998年，可与12年前写的《〈师说〉导读》作比较，看看诵读教学的特点在哪里。

原载《中学语文教学》1998年第3期，
原题是《文言文诵读教学设想》

附：

《师说》导读

【提示】

这篇文章是针对门第观念影响下“耻学于师”的坏风气写的。门第观念源于魏晋南北朝的九品中正制。到唐代，改以官爵的高下为区分门第的标准。这对择师也有很大的影响，在当时士大夫阶层中，就普遍存在着“位卑则足羞，官盛则近谀”的心理。韩愈反对这种错误的观念，提出以“道”为师，“道”在即师在，这是有进步意义的。

文章从“师者，所以传道、受业、解惑也”这个总前提出发，先从正面立论，阐述从师的必要性和择师的标准，鲜明地提出“无贵无贱，无长无少，道之所存，师之所存”这一基本观点；接着论述“师道”失传的原因，用圣人、童子和百工之人尚且从师的事实作对比，批判了当时众人特别是士大夫之族“耻学于师”的恶劣风气。然后以孔子为例，将上述基本观点加以发展，进一步论证了“弟子不必不如师，师不必贤于弟子”的道理，得出“闻道有先后，术业有专攻”的结论。结尾借说明写作缘由，提倡“不拘于时”“能行古道”，其针砭时弊之意更为明显。

本文语言质朴自然，笔锋犀利，在当时就产生过强烈的反响。柳宗元在《答韦中立论师道书》中说：“今之世不闻有师，独韩愈不顾流俗，犯笑侮，收召后学，作《师说》，因抗颜而为师，愈以是得狂名。”这段话也反映了韩愈破除陋习的巨大勇气。

阅读本文，应当把韩愈在“从师”这个具体问题上的主张跟他恢复儒家“道统”的基本思想联系起来，才能抓住文章的实质。分析作者的文辞，也要从这一点出发。韩愈说过：“然愈之所志于古者，不惟其辞之好，好其道焉尔。”可见文辞不过是“道”的外在表现形式。

【评点】

古之学者必有师。师者，所以传道、受业、解惑也。	“传道”“解惑”，一篇纲领。
※人非生而知之者，孰能无惑？惑而不从师，其为惑也，终不解矣。	※以下两句承“解惑”。用反诘句，肯定人皆有“惑”，更可看出“从师”的必要。
※生乎吾前，其闻道也固先乎吾，吾从而师之；生乎吾后，其闻道也亦先乎吾，吾从而师之。吾师道也，夫庸知其年之先后生于吾乎？	※以下两句承“传道”，又承“解惑”。由此自然引出择师的标准。
※是故无贵无贱，无长无少，道之所存，师之所存也。	※一反时俗，将“贵”“贱”“长”“少”排出择师标准之外。

这段话是全文立意之所在。作者反复说着一个“道”字，至段末顺理成章地提出“道之所存，师之所存”这个择师的唯一标准，文章意境豁然而明。

※嗟乎！师道之不传也久矣！欲人之无惑也难矣！※古之圣人，其出人也远矣，犹且从师而问焉；今之众人，其下圣人也亦远矣，而耻学于师。是故圣益圣，愚益愚。※圣人之所以为圣，愚人之所以为愚，其皆出于此乎？※爱其子，择师而教之；于其身也，则耻师焉，惑矣。彼童子之师，授之书而习其句读者也，非吾所谓传其道解其惑者也。句读之不知，惑之不解，或师焉，或不焉，小学而大遗，吾未见其明也。※巫医乐师百工之人，不耻相师。士大夫之族，曰师曰弟子云者，则群聚而笑之。问之，则曰："彼

※以感叹句领出一层新意，已寓针砭时弊之心。两"矣"字很传神。※先将"古之圣人"跟"今之众人"在从师态度上作对比。"犹且"寓褒。"而"寓贬。

※上句已经作结，这里再加一个问句，更加发人深思。

※再将众人对自己、对孩子的做法作对比。

"句读"为"小"。

"惑"为大。

照应上文"惑矣"二字。

※以下更将"百工之人"与"士大夫之族"的态度作对比。写"士大夫之族"不直云"耻于从师"，而代之以形象的描绘，意在讥讽。

与彼年相若也，道相似也，位卑则足羞，官盛则近谀。”※呜呼！师道之不复，可知矣。巫医乐师百工之人，君子不齿，今其智乃反不能及，其可怪也欤！	※这句照应本段开头“师道之不传”。 至“乃反不能及”，语意已终，再补上“可怪”一句，便见作者情态。

作者以论述“师道之不传”提挈全段，而意在对士大夫之族“耻学于师”的坏风气进行严厉的批判。文中三个对比和最后的感叹句，都表明了这一意向。

圣人无常师，孔子师郯子、苌弘、师襄、老聃。※郯子之徒，其贤不及孔子。※孔子曰：三人行，则必有我师。是故弟子不必不如师，师不必贤于弟子，闻道有先后，术业有专攻，如是而已。	※为下面的结论提供事实根据。 ※再提供理论根据。 用“如是而已”作结，于平易中透出决断之意。

这是以孔子为例，把“师道”的内容具体化，进

一步加强论证的力量。语似平淡，却将全篇大意轻轻收住。

李氏子蟠，年十七，好古文，六艺经传皆通习之，不拘于时，学于余。余嘉其能行古道，作《师说》以贻之。

作者反对什么、赞成什么，俱见于这八个字。

【想和练】

一、布局研究

1.第一段一开始就提出教师有“传道受业解惑”三项任务，但下文只阐述“解惑”和“传道”的必要性，却没有说到“受业”，这是为什么？

2.第二段以“嗟乎！师道之不传也久矣”开头，接着从三个方面进行对比论述，再以“师道之不复，可知矣”呼应开头，如此已形成完整的段落结构。为什么在此后又加上“巫医乐师百工之人，不耻相师……”这么几句？这几句话能否删去？

3.本文属于赠序一类。这类文章中关于写作缘由的说明，有时也放在开头。如果将本文第四段后面加上“其文曰”三字放在文章开头，会出现怎样的问题？

二、思想内容分析

1.韩愈所说“传道”“闻道”中的“道”，是个特定概念，指的是儒家的哲学、政治、道德等方面的原理原则。对此，作者虽未作阐述，但也看得出来。试从课文中找出一句确指这一特定概念的话并加说明。

2.结尾中“不拘于时”的“时”是指前面哪些话说的？“古道”又是指前面哪些话说的？

3.除作者的基本观点而外，文中还有哪些提法你认为是正确的？

三、行文推敲

1.“人非生而知之者，孰能无惑”一句中的“孰”字，如换成“岂”字，语气更为强烈。你认为用哪一个字更恰当？

2.“句读之不知，惑之不解，或师焉，或不焉”是个特殊结构的复句，如改为一般的表达方式，应为“不知句读而从师，不解惑而不从师”。为什么作者采用前一种表达方式？说说你的体会。

3.“是故弟子不必不如师，师不必贤于弟子，闻道有先后，术业有专攻，如是而已”这个长句中，第一、二分句和第三、四分句节奏相同，读来铿锵有力。如果末尾再增一句“岂有他哉”，使之与“如是而已”相协，好不好？

4.本文有三句话出自《论语》，均不以直接引文方式出现，有的化入作者语言之中，有的采用述大意方式。说说你对作者这种表达方式的体会。这三句话是：

①人非生而知之者——出自孔子语："我非生而知之者，好古，敏以求之者也。"（《述而篇》）

②圣人无常师——出自子贡语："夫子焉不学，而亦何常师之有？"（《子张篇》）

③三人行，则必有我师——出自孔子语："三人行，必有我师焉。择其善者而从之，其不善者而改之。"（《述而篇》）

四、虚词品味

1."也"字用在句中表示提顿，但有时用，有时也可以不用。试比较下面两组话（不用"也"字处用"□"表示），说说你对"也"的这种用法的体会。

师道之不传也久矣
师道之不复□可知矣

爱其子□择师而教之
于其身也，则耻师焉

2."今其智乃反不能及"的后面，有人认为可加"也"字。这种看法对吗？

3."乎"和"欤"常用于表示疑问、感叹等语气，但在不同的语言环境中往往有细微的差别。体会下面两句话中这两个虚词所表达的语气是否有所不同。

其皆出于此乎？
其可怪也欤！

4.“嗟乎”和“呜呼”都是叹词。除了表示作者的感叹而外，它们有时在文章中也有领起一层新意的作用，这可以帮助我们划分文章的层次。试去掉这两个词，连读上下文，加以体会。

五、语言积累（抄在笔记本上）

1.“受”与“授”可通假；“不”有时是“否”字的通假字。

2.写出下列各词在课文中的意思（加“△”号者在课文中不止一义），并附例句。

△师、身、△惑、固、益、贱、谀、贻

3.“贱”的近义词是“卑”，抄例句。

4.抄写下列词组，并附例句：①是故……②相若③之徒

5.掌握下列句式：①犹且……焉　②其……乎（欤）③如是而已

参考答案

一、1.“受业”一项，人人尽知，不言自明，略去有利于突出重点。2.这段话突出了作者批判的重点，不能删。3.第四段是文章全局中至关紧要的一部分，其中“不拘于时”和“能行古道”又是文中的点睛之笔，放在开头，读者不明所指，倒显得无足轻重了。

二、1.“六艺经传”，指的是儒家经典，儒家的“道统”都包含在这些经典当中。2.“时”，指“耻学于师”“惑而不从师”的社会风尚。“古道”，指“从师而问”、以“闻道”在先者为师的优良学风。3.如“人非生而知之者”“三人行，则必有我师”等都是正确的。

三、1.“岂”，有反诘语气；“孰”是疑问代词，指代人，用“孰”字更恰当，强调人人如此，绝无例外。2.前一种表达方式先列出两种情况，再说明两种做法，有力地强调了主次的颠倒。3.不好。用“如是”一句收住这一段，不仅行文简洁，而且语意鲜明。4.作者的引用方式很自然。可节省不少文字。

四、1.“师道之不传”在段首，有提示本段论述内容的作用，且全句感叹意味甚浓，故其后加“也”字；“师道之不复”纯系呼应段首，有感叹意味，但不浓，故不加

"也"字；"爱其子"一句是一般直陈句，故不加"也"字；"于其身"一句有强调意味，故加。2.不对。加"也"便有收束全段的意思，下面"其可怪也欤"一句就成为多余的了，而作者的主要意思恰恰在这句话上。3."乎"表示问中已含肯定意。"欤"表示迟疑语气。4.略。

五、语言积累（答案略）

原载《中学语文基本课文导读（高中下册）》，
人民教育出版社1987年版

《出师表》背诵指导要点

题解

这篇表文作于蜀汉建兴五年（227年）诸葛亮北上伐魏之前。由于远离国都，诸葛亮深恐群小乘机蛊惑后主刘禅而导致政局混乱，因而在表文中反复申说“亲贤臣，远小人”的道理，一开始就说要“开张圣听，以光先帝遗德”，结尾又说要“咨诹善道，察纳雅言，深追先帝遗诏”，勤勤恳恳，万千叮咛，一心希望刘禅能效法先帝，总以“亲贤”为务，而图汉室之隆。表文后一部分又特地提及刘备三顾茅庐和白帝城托孤之事，并以“讨贼兴复”自任，充分表达了作者感恩图报的心情。

佳句赏析

刘备临终时曾嘱咐刘禅：“汝与丞相从事，事之如父。”因此，诸葛亮不同于一般的辅政大臣，他是刘禅的“相父”。由于深深感激刘备的知遇之恩，表文中一连13次提到“先帝”，情词恳切，一字一句皆从肺腑中流出，不加任何粉饰，读来感人至深。陆游曾赞道：“出师一表真名世，千载谁堪伯仲间？”这决非溢美之辞。

表文中着重谈了两个问题：

一是希望刘禅“亲贤臣”。文章开头说到内政，既从正面指出所应采取的方针，又从反面指出所不应采取的做法，已有告诫刘禅要亲贤远小之意。接着就提到一批贤臣的名字，除称赞他们的高尚品质外，还特地指出这些人都是先帝选拔出来的，值得亲近和信用，并要求刘禅“事无大小，悉以咨之”。最后，为了引起刘禅对这个问题的高度重视，又总结了先汉“兴隆”的经验和后汉“倾颓”的教训，指出是否亲近贤臣是关系到国家安危的大问题；尤其意味深长的是，其中插入了一段往事的回忆：“先帝在时，每与臣论此事，未尝不叹息痛恨于桓、灵也。”这是因刘禅宠任宦官黄皓而发，所以用先人的态度来开导他，使他有所警戒。作者如此渴望刘禅亲贤，既表现了他对刘备父子的耿耿忠心，也反映了他的忧虑之深。

二是关于出师的说明。本文既是为出师写的，自然要说到出师的原因。这种说明不同于奏议，不是反复陈说出师的利弊得失，而是用了抒情的方式——集中到一点，就是将出师伐魏以“兴复汉室”看作自己报答先帝深恩和尽忠于刘禅的职分。为此，表文历叙作者身世，从“躬耕”说到“遂许先帝以驱驰”，又从先帝临崩“寄大事”说到“五月渡泸”，极力表达“受恩感激”之情。这种说明方式既能打动刘禅，得到他的支持，又有利于说服持不同意见的人，充分体现了表文“陈情”的特点。

背诵点拨

1.掌握文章理路。本文可分三部分：（1）前五段都是围绕着“亲贤”二字写的：先说“亲贤”之道，即“开张圣听”“宜付有司”，意思是要使贤臣畅所欲言，要任贤而不疑，能如此则贤臣才能竭忠尽智，为君主效力。其次列举蜀汉贤臣姓名。最后说“亲贤”的重要性。（2）第六、七两段是围绕着“感恩图报”四字写的，按时间顺序依次写刘备三顾茅庐和临崩托孤二事，都是先叙刘备之恩，后叙作者的报答行动，抒情色彩极浓。（3）第八段，归纳各方（作者本人、贤臣、刘禅）的责任。

背诵的难点是第一部分，最好按上述层次一层一层地练习背诵。

2.仔细品味表文中动人的语句，用它们作为支撑点将上下文联结在一起，有助于加速记诵。例如：

“先帝创业未半而中道崩殂。”大有国运艰难，更须发扬蹈厉之意，伤痛极深，寄寓极深！以下述天下大势及蜀汉群情，皆本于此。

“受任于败军之际，奉命于危难之间。”这是千古名句，说尽了作者的一生，也概括了蜀汉建国的艰难历程。作者回顾这一段历史，意在启发刘禅认识创建功业必须涉险被创，如耽于安乐，则有负先帝的期望。

“不效则治臣之罪，以告先帝之灵。”这真是披肝沥胆之语！作者深恐不能完成“讨贼兴复”的大任，有负先帝的委托，故以此语自警。这完全出自作者内心，他这样说，也是这样做的，这次伐魏失败，他自贬三等，去丞相号，就是一个有力的证明。

3.本文中有不少四字结构，如危急存亡、妄自菲薄、作奸犯科、内外异法、志虑忠纯、裨补阙漏、性行淑均、优劣得所、贞良死节、猥自枉屈、攘除奸凶、斟酌损益、咨诹善道、察纳雅言，等等，先抄下来，切实掌握它们的意思，也有助于记诵。

原载《初中生必背古诗文》，广西人民出版社
2000年版

《送董邵南游河北序》背诵指导要点

题解

这篇序是针对董邵南决意到河北藩镇那里去谋职写的。作者不赞成他去，希望他仍然留在长安，因为当时的藩镇割据一方，不服从中央朝廷，为这些人效力是没有前途的，但这个意思写得很含蓄，须仔细品味才看得出来。

背诵点拨

1.朗读指导

（1）注意给长句划分停顿，例如：

燕赵/古称·多·感慨悲歌·之士

矧/燕赵·之士/出乎·其性者哉

注："/"表停顿，"·"表极短的停顿，"△"表轻音，

“.”表重音。

（2）注意语气变化，以第一段为例：

“燕赵”句为全篇立论之本，要读得肯定，且有仰慕之意。

“董生”四句叙述董生离京赴河北的原因，当用陈述调读；“不得志”“怀抱利器”高度概括了董生的遭遇，读时当有惜才之意。

“吾知其”表示作者对董生此行结果的判断，“有合”表明董生亦有“感慨悲歌”之风，是对董生的赞美，要读出极其肯定语气。

“董生勉乎哉”表示作者的期望，有充分发挥才能之意，当用祈使的语气读。

注：第二段末句“董生勉乎哉”也用祈使语气读，但含有警戒之意，希望董生谨慎，要珍惜自己的前程，切莫误投叛逆之臣。

2. 背诵技巧

（1）理清本文线索

本文借士风立论。战国末期，燕赵两地某些卓越人士担心国家的命运，想要干一番大事业却无法施展自己的才能，因而有感慨悲歌之风，这正是前人说的“国士之风”。作者一开头就指出了这种风气，并断言董生此番前往“必有合”，这就把董生放在“国士”之列了，高度评价了董生的抱负才能。接着笔锋一转，说到“风俗与化移易”，言外之意是，在地方割据势力统治下那里的风气已经跟古代不同了，但又故意不予肯定，只说“聊以吾子之行卜之”，而将董生此行未必“有合”的意思藏在字里行间。最后奇峰突起，作者居然委托董生到河北后代替他去凭吊望诸君乐毅的墓，并向隐居在民间的有志之士致意，希望他们到朝廷来效力。这很耐人寻味：既然燕赵之士应当到长安来，董生还有什么理由要离开长安到燕赵去呢?

（2）抓住贯穿全篇的理路

本文先从正面说，断言董生此行“必有合”；然后从反面说，“聊以吾子之行卜之”其实是说未必“有合”；最后以“明天子在上，可以出而仕矣”讽喻董生不当往。

（3）上面三句话再加上文章的起句应当先背下来，作为记诵的支撑点。

原载《初中生必背古诗文》，广西人民出版社2000年版

《岳阳楼记》背诵指导要点

题解

这是我国古典散文中的一篇著名的文章。作者范仲淹（989—1052），字希文，苏州吴县（今江苏省吴县）人，北宋政治家、文学家，有《范文正公集》。本文是范仲淹庆历六年（1046年）九月十五日写的，当时他正贬居邓州（今河南省邓县）。文章以“记”为名，借题发挥，表达了作者“不以物喜，不以己悲”的旷达胸襟和“先天下之忧而忧，后天下之乐而乐”的政治抱负。

佳句赏析

“先天下之忧而忧，后天下之乐而乐”。这句话的意思是，忧在天下人的忧虑之前，乐在天下人的欢乐之后。这两句是千古传诵的名句。上面说过，本文作者名义上是为岳阳楼作记，实际上是谈士人应有的政治抱负，即“先天下之忧而忧，后天下之乐而乐”。有这样的抱负，才能正确对待仕途中的进退。千百年来，作者的这句话，激励着一代又一代有志之士为国家的繁荣和人民的幸福而毕生奋斗，从不计较个人的荣辱得失。

我国古代早有“与民同乐”的思想，这就是孟子说的“乐以天下，忧以天下”（《孟子·梁惠王下》），但这是针对封建君主提出的，目的在于缓和封建统治者和人民大众之间的矛盾，维护封建社会的安定。这种观点在客观上也有利于人民，但并不具有普遍意义。范仲淹在本文中把它发展成为“先天下之忧而忧，后天下之乐而乐”的政治抱负，则是一种全新的价值观，它指明了个人对社会、对人民应当承担的责任和义务，而将一切私心杂念置之度外，“不以物喜，不以己悲”，终生保持着高昂的情绪。尽管他的“忧君”思想带有时代和阶级的局限性，但从总体上看，他所提倡的是一种吃苦在前、享乐在后的精神，用今天的眼光来看，也是值得借鉴的。

背诵点拨

1.朗读指导

利用骈句加速记诵。骈句，指的是结构相似、内容相关、行文相邻、字数相等的两句话。骈句也有工整和不工整之分：如“日星隐耀，山岳潜形”“去国怀乡，忧谗畏讥”“沙鸥翔集，锦鳞游泳”等，都是工整的骈句；“阴风怒号，浊浪排空”“长烟一空，皓月千里”等都是不工整的骈句。应注意的是，本文不是骈体文，骈句不限于所谓“四六句”，如“衔远山，吞长江”是三言骈句，“居庙堂之高则忧其民，处江湖之远则忧其君”是九言骈句。骈句有时也难于界定，初学者不宜深究。我们划分骈句的目的是帮助记诵，划错了也没有关系。

朗读这篇文章要注意以下三点：

（1）文中骈句与散句交互出现，要注意节奏的变化，或急或缓，或疏或密，有“五音纷兮繁会”之感，切忌板滞。

（2）第三、四段中大部分语句是有韵的，如：摧—啼—饥—悲；明—惊—顷—泳—青；里—璧—极；忘—洋。要读出韵律感。

（3）以下句中加点的虚词都跟文意的层次有关，读时可加大音量或适当延长音的时值，才能显示出层次的发展变化。

乃重修岳阳楼（承上文作进一步叙述）

然则北通巫峡（承上文而转述他事）

登斯楼也（提示，将有所述）

若夫、至若（承上文推出一层新意）

是进亦忧，退亦忧（承上文作结）

2. 背诵技巧

掌握全篇思路。本文可分三部分：开头写作记缘由。先说滕子京“谪守巴陵郡”，以“谪”字提挈全文，接着叙述重修岳阳楼经过，为下文写景作铺垫，兼有称颂滕子京的作用，已暗含“不以己悲”之意。中间写岳阳楼景色，先叙“大观”，而后分述阴、晴之景；以“迁客骚人”承上段中的“谪”字，又从阴、晴之景自然说到迁客们登楼览物时或悲或喜之情——其中已暗含因己而悲、因物而喜之意，为下文说仁人“不以物喜，不以己悲”作反衬。最后转入议论，连用设问，使文章的意境逐层加高，并以“先天下之忧而忧，后天下之乐而乐”画龙点睛地归结了全文主旨；其中，“处江湖之远”——是承“谪”字而来，而结句中的“斯人”则跟篇首的“滕子京”相呼应，表达了作者对朋友的殷切期望。

原载《初中生必背古诗文》，广西人民出版社 2000 年版

实词译解

怎样辨析词的本义

汉字是表意文字，在它最初被创造出来的时候，字义都跟形体有关，这就是所谓本义。本义在使用过程中不断地发展，又产生一系列新的意义，叫作引申义，引申义一般都跟本义有联系，只是有的明显，有的不明显。因此，辨析字形，由形体推出本义，再由本义连及引申义，是一个以简驭繁的学习词义的方法。

有些人对此有一种误解，以为这就要他去学习甲骨文，研究字源学——这件事当然只有少数专家才能做到。我们说的辨析字形，指的就是现代汉字。例如这“辨”“析”二字就可以从字形看出它们的本义来：“析”由“木”、“斤”两部分组成，“斤”就是斧子，以斧就木，就是“析”的本义。《说文》：“析，破木也。”意思正是如此。这自然比较简单。“辨”字可能复杂一点，中间的“刂”是“刀”的变形，两旁的“辛”是两个罪人的形象，以刀插入两个罪人中间，就含有在原告、被告之间分清曲直是非的意思，因此《说文》里训“辨”为“判”，用现代词来说，就是“判决”。这类例子还可以举出很多。可见，根据现代汉字的形体来辨析字的本义决非不可行。

学文言文为什么一定要能辨析字的本义呢？首先是因为文言文里经常出现一些古今异义的字，如“小大之狱”（《曹刿论战》）的“狱”字，中间是“言”字，两旁都是“犬”字，犬好斗，取“相争”意，以言相争，就是诉讼案件，知道“狱”的本义，才能正确理解这句话。其次是因为知道本义可以加深我们对某些事情的理解，如“使人访其夫妇，载以来”（《芋老人传》）这句话并没有指明用什么载来，但从“载”的字形可以看出，它的本义就是用车子装运。

当然，这样做也会碰到一些困难。别的暂且不说，这里只说说简化字。例如“奋袖出臂”（《口技》）中的“奋”字，有些同学总觉得不可解，但如果知道“奋”的繁体是“奮”，即“奞”在“田”上，而“奞”是形容鸟儿张翅振羽，准备高飞的样子，就不难推出“奋袖”是把袖子高高挽起的意思。有些老师主张学文言文要用繁体字，就是有鉴于此。

但我们也不要把辨析字形的作用绝对化，要掌握词的本义，还应当勤查字典，特别是高年级同学最好能查查《辞海》《辞源》一类的大型辞书，努力记住每个词的第一、二个义项——它们往往不是本义就是常用义，这是“两条腿走路”的办法。

原载1985年4月15日《语文报》(第150期)，
署“金昆”

利用语言环境辨析词义

——学习文言实词的一个基本方法

中学生学习文言实词，要讲究方法而不能单凭死记。掌握词义的有效方法尽管多种多样，但注意上下文即具体语言环境对词义的影响，则是各种方法的共同特点。目前中学同学们在文言文学习中常犯两种毛病：一种叫"望文生义"，就是用现代汉语的习惯来解释某些文言词语；一种叫"胶柱鼓瑟"，就是在解释多义词时执着于一义，或不管词性变化一律照原意解释。要改变这种状况，就要在平时的学习中养成一个利用语言环境来辨析词义的习惯。

利用语言环境辨析词义，应当注意什么呢？下面按照名词、动词、形容词的顺序分别加以说明。

1.名词

要看它跟哪些词语结合得比较紧，连带它们一起考虑，把较大范围甚至整句话的意思大致弄清楚；还要注意它是专指还是泛指、是具体概念还是抽象概念，等等。以“道”字为例：

①“师道之不传也久矣！”(《师说》)“道”跟“师”结合得比较紧，先把“师”“道”放在一起考虑，再推敲一下“师道不传”的意思，就会懂得这个“道”是泛指，即常说的“道理”。“师道”，就是向老师求教的道理。

②“师者，所以传道受业解惑也。”(同上)“道”跟“传”结合得比较紧。再想想韩愈所提倡的“道”，并看看整句话，便知这个“道”显然是专指儒家的“道统”，即“圣贤的道理”，所以韩愈才把“传道”列为教师的首要任务。

③“得道者多助，失道者寡助。”(《天时不如地利》)“道”跟“助”(支持)有密切关系，得则多助，失则寡助，可见它指的是行动的准则，可释为“正义”。

以上说的都是据本句来解释一个词的意思。在个别时候，只看本句不行，还要看全篇。如“臣之所好者，道也；进乎技矣”(《庖丁解牛》)，只看本句，知道“道”高于“技”，但这个高于“技”的“道”究竟是什么呢？如果再看上文说的庖丁为惠君解牛的情形以及下文庖丁自述解牛时精神状态，并确信这时的庖丁已经进入了他的“自由王国”，就会懂得这个“道”指的是客观事物的规律。

2.动词

要根据施事者和受事者的关系来辨析它的确切意思，有时还要看它所反映的行为和动作的特点。以“遇”字为例：

①“操引军从华容道步走，遇泥泞，道不通”（《赤壁之战》）句中施事者是曹操的部队，受事者“泥泞”，全句说的是行军途中没有料想到的情况，“遇”释为“碰到”。

②“秦之遇将军可谓深矣”（《荆轲刺秦王》）句中施事者是“秦（王）”，受事者是“将军”即樊於期，下文又说到樊於期的父母宗族被杀害等情形，可见这个“遇”是“对待”的意思。

③“臣以神遇而不以目视”（《庖丁解牛》）句中施事者是庖丁，受事者是牛（在句中被省略），而动作的方式是凭借精神作用，这个“遇”就只能释为“接触”了。

3.形容词

要看它所修饰或说明的事物是什么以及整句话的大意是什么。例如“其文约，其辞微”（《屈原列传》）一句说的屈原作品的特色，“辞”指语言，“微”说明“辞”，可释为

“含蓄”；但在“天下分裂而唐室固以微矣”（《教战守策》）一句中，“微”说明唐王朝当时的情况，则应释作“衰落”。又如在“微闻有鼠作作索索”（《口技》）一句中，“微”修饰动词“闻”，可释为“稍微”。

利用语言环境辨析词义，也包括利用“互文”在内，例如在“殚其地之出，竭其庐之入”（《捕蛇者说》）一句中，从“竭”可以推知“殚”也有“尽”的意思；在“度长絜大”（《过秦论》）一语中，从“度”可以推知“絜”也有“衡量”的意思。“互文”是古人常用的修辞方式，懂得这一点，许多词都可以无师自通。

原载《中学生阅读》1984年第2期，署“江枫”

“荆轲废”怎么解？

——浅谈词义引申

高中语文课本第六册《荆轲刺秦王》一课中，有一段话叙述荆轲行刺失败时的情形：

> （秦王）遂拔（剑）以击荆轲，断其左股。荆轲废，乃引其匕首提秦王，不中，中柱。秦王复击轲，被八创。

课文对“废”的注释是：“残废，受伤倒地。”这两个义项都是引申义，古书上也都有这样的用法：前者如“矜、寡、孤、独、废疾者皆有所养”（《礼记·礼运》），“废疾者”指因身体有缺陷而丧失劳动力的人；后者如“项王喑噁叱咤，千人皆废”（《史记·淮阴侯列传》），“废”是“伏”的意思，即伏地不起。但是，假定让我们翻译这句话，那就只能从中择一，选哪一个更加接近文章原意呢？

我们不妨先比较一下。这两个义项虽然同属引申义，但引申的方式却不一样。按《说文》：“废，屋顿也。”意思是房屋倒塌，这是“废”的本义。由此可以推知，引申为“倒地”，是本义使用范围的扩大，也就是将原来用于某个事物的意义扩大用于其他事物，这种引申义跟本义的距离是比较近的；引申为“残废”，则是本义的抽象化，也就是将原来联系着具体事物的意义发展成抽象的意义，这种引申义跟本义的距离就要远一些。这两种引申方式，前者称为“近引申”或“直接引申”，后者称为“远引申”或“间接引申”。懂得引申的道理，才能了解一词多义现象的由来，并有效地掌握各个义项之间的联系和区别。

现在我们再回到“荆轲废”这句话上来。要确定“废”的确切意思，还得仔细地看这句话的上下文。单看上文“断其左股”，则无论说“残废”，说“倒地”，都是指明“断”的结果，所不同的是，“断其左股”正包含了“残废”的意思，再以“残废”释“废”，似有一意重出之嫌；单看下文“乃引其匕首提秦王”，写的是荆轲的反击动作，则无论说“残废”，说“倒地”，也都能显示荆轲的顽强斗争性格。但通观前面引的那一段话，“断”“废”“引”“提”“中”，应是五个有连续性的具体动作，而且发生在几秒钟之内，取“倒地”义似乎更生动、更逼真地显示了这场斗争的紧张程度。

文言文中有一些字的本义由于词义发展过程中的种种原因已经消失或弃而不用，还有一些字则以它的习用义来代替本义，但这不能说明本义不重要。在某些情况下，知道字的本义，又能恰当地运用引申的方法，再仔细地参照上下文，就能准确地掌握它们的意思。

原载1985年4月8日《语文报》（第149期），
署“金昆”

“子曰”的故事

从前人上私塾，都要念《大学》《论语》《孟子》和《中庸》，合称“四书”。这些书里经常引用《诗经》的话来说明问题，引文前都冠以“诗云”两个字。其中，《论语》和《中庸》又主要是记载孔子的言论，“子曰”就更多了。那时一念起书来，“子曰”“诗云”之声便不绝于耳。鲁迅在《一件小事》结尾里说：“几年来的文治武力，在我早如幼小时候所读过的‘子曰诗云’一般，背不上半句了。”其中“子曰诗云”一语，就是“四书”的代称。

正因为“四书”里的“子曰”实在太多了，便引出一个笑话来。据戴延年《秋灯丛话》，清代文学家毕沅在陕西当巡抚的时候，他带着随从在一所寺庙里投宿，曾故意跟一位老和尚开玩笑。下面是两人对话：

毕曰："尔亦知诵经否？"僧答以曾诵。

毕曰："一部《法华经》，得（共计）多少'阿弥陀佛'？"

僧曰："荒庵（庙）老衲（和尚），深愧钝根。大人天上文星，作（造）福全陕，自有夙根（天赋聪明），不知一部'四书'，得多少'子曰'？"

毕愕然，深赏之。

现在书归正传，再来说说"曰"和"云"的用法。"曰"，小篆作"曰"，表示气从口出，是"说"的意思；"云"，古文作"云"，表示山川冒出的气，引申开来，也有"说"的意思。一般来讲，"曰"用于直接说出，"云"用于转述别人的话。

但这两个字也经常作虚词用，古人叫"实字虚用"。"曰"字大多在句首，如"曰颜佩韦、杨念如、马杰、沈扬、周文元"（《五人墓碑记》）中的"曰"，叫发语辞；"云"字大多在句末，如"不嫁义郎体，其往欲何云"（《孔雀东南飞》）中的"云"，叫助词。"实字虚用"其实不难辨析，只要先弄通全句中实词的意思，再琢摸一下作者的语气就可以弄清了。

原载1984年1月23日《语文报》（第86期），

署"江枫"

“五六”不是“三十”

——文言文中约数的表示法

相邻两数并举，是一种常见的约数表示法，意为或此即彼，而不是表示二者相乘，例如“五六”，只能解为“或五或六”。不能解为“三十”。《子路、曾皙、冉有、公西华侍坐》一课中的“冠者五六人，童子六七人”，即应作如是解。

侯白《启颜录》里记载了北齐高祖的近臣石动筒的一段趣事，跟上面引的那句话有关，原文如下：

……尝于国学中看博士论云：“孔子弟子，达者七十二人。”动筒因问曰：“达者七十二人，几人已著冠？几人未著冠？”博士曰：“经传无文。”动

> 简曰："先生读书，岂不合解？孔子弟子已著冠有三十人，未著冠有四十二人。"博士曰："据何文以辨之？"曰："《论语》云，'冠者五六人'——五六，三十人也；'童子六七人'——六七，四十二人也。岂非七十二人？"座中大悦。

这自然是开玩笑的话。但在文言文里。两数并举也确有表示相乘的意思，如"明月三五夜"(《西厢记》)、"年方二八"等，但这种情形极为罕见，不是正常的用法。

学习文言文，应当注意的是下边两种约数：

一种是表示不同等级的量的约数。例如"若印数十百千本，则极为神速"(《活板》)，其中的"数十百千"，意思是少则数十，多则数百乃至数千，说明作者对各种书籍的不同需要量都作了周密的估计。又如"卒然边境有急，数千百万之众，国胡以馈之"(《论积贮疏》)，这也表明作者对边境上可能发生的规模不同的战斗考虑得很周到，"数千"是最小规模战斗所需兵力的量，"百万"则是最大规模战斗所需兵力的量。这种约数通常被理解为"很多"的意思，这是由于对作者行文的严谨不够注意的缘故。

另一种是表示近似值的约数。例如，"日暮，所击杀者无虑百十人"(《冯婉贞》)，这是写冯婉贞领导的伏击战的结果，作者不用“百余人”这种粗略的估计数，而用“百十人”这一近似值，是重视历史真实的表现，更有说服力；而读者也能较为确切地从中想见当时的情景。

从以上两类约数中可以看出这样一个辩证的道理：约数看来是一种“模糊语”，但在一定条件下，也包含着某种程度的确切成分。

文言文中表示约数的方法很多，如在数词前加“约”“几”“且”等副词，在数词后加“余”“许”等特殊数词。

原载1984年5月14日《语文报》（第102期），
署“江枫”

译文必须“可解”

翻译文言文必须忠实于原文的内容，文句上下一气，顺理成章，才能使别人看得明白。这叫作“可解”。如果不顾原文内容，只抓住其中的只言片语，然后凭主观臆想生发开去，往往会造出不可解的译文。

去年高考的文言文翻译题（原题不加标点）是这样一段文字：

> 陈太丘与友期行，期日中。过中不至，太丘舍去，去后乃至。元方时年七岁，门外戏。客问元方：“尊君在不？”答曰：“待君久不至，已去。”友人便怒曰：“非人哉！与人期行，相委而去。”元方曰：“君与家君期日中。日中不至，则是无信；对子骂父，则是无礼。”友人惭，下车引之。元方

入门不顾。

同学们在翻译时就出现了若干条不可解的译文。如：

①陈太丘与友期行期日中过中不至太丘舍去

译文：陈太丘跟他的朋友假期里去旅行，假期过了一半还不到，陈太丘就回家了。

②友人惭下车引之元方入门不顾

译文：那位朋友懒得下车，领着元方进了大门，什么也不管不顾。

这两条译文看起来很“顺”，然而有乖情理。例①先说两个人一同旅行，下句不说旅途中的事，却说陈太丘回了家，岂不叫人莫名其妙！例②先说友人没有下车，随后又进了大门，据此则是连人带车一起进了大门；而末句说的“不管不顾”，更使人猜不透何以如此。

要使译文可解，关键一条是要读懂或基本上读懂原文；读懂原文的标志是能够正确地解释原文，即能够正确回答它写了怎样一件事、涉及哪些人、表达了怎样的思想等问题。这些回答不能凭主观臆想作出，而要以原文的语言为依据。具体地说，就是把原文从局部到全局、又从全局到局部反复地看几遍，逐步加深认识，直至所有的疑难点都能从原作的全局上或从上下文的关系上得到合理的解释，使主观认识（译者的理解）完全符合客观实际（原作的内容）为止。这样的态度，就是分析的态度，在没有词典和现成注释帮助的情况下进行翻译，尤其需要如此。

我们再回到前面的试题上来。假定我们从头至尾看了一二遍后，仍有以下三个疑难点：①不明白第一句话的内容；②拿不定"舍"和"委"的意思；③结尾"不顾"一语不明所指。现在我们试用分析的方法来将它们排除。

1.先分析大的层次。分析之后不难看出：原文中间部分是"客"（即太丘友人）和元方的对话，首句写对话起因，末句写事情的结果。

2.再分析对话部分。"去后乃至……门外戏"叙述对话前的情况（其中"元方时年七岁"一句是说明），可暂放下不管。先看前两句对话，这是问事、答事，从中至少可以确定一点：太丘已离家外出。再看后两句，"非人哉与人期行相委而去"自然是友人责备太丘语，这跟太丘离家外出有关，可见"期行"一定是表示两人事前有约定；而"则是无信"则是元方对这位父辈的指责，认为不讲信用的正是他。据此可以判断全文讲的是怎样对待信约的问题。

3.循此继进，再看“则是无信”的上文“君与家君期日中日中不至”，这自然是元方提出指责的根据，即对方“无信”的具体表现。其中“日中”一语连用，知道其间可断，断后，“日中”表示时间的意义便豁然而明。再联系开头那句话，就可以推知“期日中”是约定中午（碰头）的意思。至此，全文说了怎样一件事也就大致清楚了。

4.再说“舍”和“委”的意思，这就要先看它们所在的句子：“太丘舍去”和“相委而去”。经过比较并参照各自的上文，便会发现这两句话说的是同一个意思，只是前者是作者叙述而后者是友人叙述罢了，可见“舍”与“委”同义。再看元方对同一个意思的叙述：“待君久不至已去”。待而不至，于是舍之而去，可见“舍”是不再等待的意思，引申为“丢下”。

末了说说“不顾”。其实，排除了以上的疑难点，谁“不顾”这个问题就已解决。“不顾”是一种不礼貌的表示，“友人”既已感到惭愧，决不会再来一个“不顾”，加重自己的过错。

从这个实例看来，同学们翻译浅显的文言文而求其译文“可解”，决非难事，读懂原文则是最重要的一步。

原载《中学生阅读》1984年第5期

直译和意译不可偏废

直译和意译是文言文翻译中常用的两种方法。直译强调尊重原作语言的外部形式，语意上一般不允许补充或删减，基本上也不改变原来的语法关系；意译则要求在切合原作内容的基础上给译者以选择表达方式的自由，语意上可作适当的补充。在翻译过程中，根据需要，这两种方法经常交错使用。

文言语译是一种特殊的翻译，它不是把汉语译成另一个语种，而是把汉语的历史形态译成现今的形态。这就要求我们很好地考虑如下两方面的事实：一方面，由于文言文的句子构造多数跟现代汉语相同或相近，基本词汇的意义也只是略有差异，这种翻译与其说是“文字的翻译”，毋宁说是“语体的翻译”。有时甚至简单到只需要更换一二个或二三个用语的地步；在这样的情况下，不用直译而用意译，反而容易失真。另一方面，由于古汉语和现代汉语在表达方式上又有许多不同点，因此，如果遇到无法直译或直译后可能产生歧义或使人不解的地方，就要用意译的方法来翻译。是用直译或是用意译，要根据原作实际加以选择。倘若不顾原文句子构造和表达方式的特点，任意直译或意译，都是不妥当的。

例句：

①城不入，臣请完璧归赵。(《廉颇蔺相如列传》)

译文：(秦国）不把城划归赵国，我请求把和氏璧完完整整地送回赵国。

②士大夫终不肯以小舟夜泊绝壁之下，故莫能知。(《石钟山记》)

译文：士大夫们总不肯用一只小船夜里停泊在悬崖绝壁下面，所以不能知道。

③臣之所好者，道也，进乎技矣。(《庖丁解牛》)

译文：我喜好的是事物的规律，已经超过技术了。

④今王鼓乐于此，百姓闻王钟鼓之声……(《孟

子二章》）

译文：如今王在这里演奏音乐，老百姓听到王敲钟击鼓的声音……

这几条都是不宜直译的语句，译文都犯了“硬译”的毛病，句子不怎么通畅，意思也含糊不清。例①的礼貌用语“请”字是已经虚化了的，没有请求的意思，道理很简单，蔺相如“完璧归赵”的计划不需要向赵王请求，也不是请求一番就能实现的。在文言文中，这样的“请”字常作为说话人在申明自己意愿时的一种委婉表示，含有尊重或遵从对方的意思。在这句话里，“请”译为“一定”更符原意。例②的虚词“以”的意思却又比较实在，如译为“用”，就会使全句所要强调的实地考察这一意思变得模糊不清——士大夫们可亲自去，也不一定亲自去。只有译为“乘上”，才能确切地说明士大夫们本应亲自去，可他们没有去这个意思。例③“喜好的是事物的规律”这话不通，在“事物的规律”之前加上“探求”一词，意思就明朗了（这叫作“该补则补”）。例④译文第二句中的“王”字可省，否则会使人误认为是“王”亲自敲钟击鼓（这叫作“该省则省”）。

例句：

①戍卒叫，函谷举。(《阿房宫赋》)

译文：陈胜吴广一声倡义，刘邦领兵攻占了函谷关。

②愿将军量力而处之。(《赤壁之战》)

译文：希望将军估计一下自己的实力，制定一个万全的策略来对付。

③秦王坐章台见相如。(《廉颇蔺相如列传》)

译文：秦王不在朝廷正殿，却在章台宫接见蔺相如。

这三条都是不需要意译的句子，译文加进了译者解释性的话："刘邦领兵""制定一个万全的策略"和"不在朝廷正殿"。严格说来都是不允许的。例①译文破坏了原作的风格，不如改为"戍卒们在怒吼，函谷关被攻破"。例②本是诸葛亮替刘备进行游说之辞，意思是希望孙权联刘抗曹，加上了那些话后，就变成了专为孙权着想的意思，和原文不符。例③也大可不必加话，因为下文有"见臣列观"的话，足可证明章台宫不是"正殿"。由此可见，本可用直译的地方还是以直译为好。

翻译的主要标准，第一条是忠实于原文内容，第二条是译文明白通畅。我们应当在这个前提下，根据原文的情况，适当选择译法，才能译得准确、流畅。

原载《中学生阅读》1984年第6期，署“金昆”

虚词随笔

虚词为什么又叫“语助”？

文言虚词过去也叫“语助”或“助字”。文莹《湘山野录》里记载了宋朝开国皇帝宋太祖的一段故事，曾提到这个名称。

> 太祖幸朱雀门（开封府南门），指门额问赵韩王普曰：“何不只书‘朱雀门’，须著‘之’字安用？”普对曰：“语助。”太祖大笑曰：“‘之乎者也’，助得甚事！”

宋太祖这个看法不对：“之乎者也”在文言文里很有用，要靠它们来表达语气。古时候人们写文章，一般都要拿去朗读，一读就有了语气，而语气又会反过来对文章内容产生影响——同样一句话用两种不同的语气读，就会有不同的表达效果。那么，怎样才能使语气在写的时候就明白无误地表达出来呢？这就要依靠虚词了。前人把虚词称为“语助”，十分恰当地表明了虚词的这一作用。宋太祖因为出身行伍，看文字只看实处，而不讲究吟诵，所以发表了那样的错误意见。仍以“之”字为例。《史记·项羽本纪》里有这么一段话：

> 吾起兵至今八岁矣，身七十余战，所当者破，所击者服，未尝败北，遂霸有天下。然今卒困于此，此天之亡我，非战之罪也。今日固决死，愿为诸君快战，必三胜之，为诸君溃围、斩将、刈旗，令诸君知天亡我，非战之罪也。

其中第一次提到“天亡我”这句话时，加个“之”字，语气舒缓，寄托了项羽在最后失败之际回顾过去赫赫战功而产生的无穷感慨；后来重述这句时，意在表明要用事实来证明它，已经没有感慨的意味，中间就不再加进“之”字。人们常说虚词能“传神”，就是这个道理。

严格说来，文言虚词中只有代词、数词和介词与语气无关，但前两类意思比较实在，只是根据习惯放在虚词里边而已；介词大多是从动词派生而来，意思就更实在了。

原载1984年1月2日《语文报》(第83期)，署“江枫”

虚词不虚

虚词没有实在意义，是指虚词作为独立个体而言；事实上，当它跟实词结合一起构成一个完整的句子时，往往要表达出某种意味或感情色彩——当然，这样的意味或感情色彩只有从反复品味中才能领会得到。因此，用辩证的眼光来看，虚词也有它“不虚”的一面。

例如王勃《滕王阁序》中的名句“落霞与孤鹜齐飞，秋水共长天一色”，不仅意境好，虚词也用得好。据《唐摭言》，当年洪州都督听人传报到这两句时，曾大加赞赏地说：“此真天才，当垂不朽矣！”但也有人持不同看法，挑剔它虚词使用不当，并为此编造一段故事。大意是：王勃死后不久，他的鬼魂每夜都出现在某条江边，不断地高声吟诵这两句，弄得来往船只不敢夜行。后来有位士人特意赶到那个地方去，趁鬼魂吟诵之际，大声斥责道：“‘落霞’两句中有废字，算什么千古名句！”鬼魂问：“废字何在？”士人说：“‘与’‘共’二字便是。”于是鬼魂无话可说，立即消逝，从此不再出现。

“与”是连词，“共”是副词，这两个虚词在这两句话中究竟算不算废字呢？

从语法上看，删去这两个字，剩下“落霞孤鹜齐飞，秋水长天一色”，仍然是通的，而且显得更简练。但从表达效果来说，则决不可删。

因为古人写文章很讲究吟诵，我们无妨先来比较一下原句和修改句的朗诵方式，原句的节奏是：落霞｜与孤鹜｜齐飞｜，秋水｜共长天｜一色｜。修改句的节奏是：落霞孤鹜｜齐飞｜，秋水长天｜一色｜。这两种节奏，一个从容，大有回旋余地；一个紧迫，使人不假思索。在朗读中哪一种节奏更能唤起读者的形象思维呢？答案自然是前者。

再从意境来看，原作上句写仰视所见，重在写“落霞”，而以“孤鹜”为衬，下句写俯视所见，重在写“秋水”，而以“长天”为衬，一上一下，一动一静，相映成趣，历历如画地表现了滕王阁的奇丽景色。如果删去“与”“共”二字，文中的意境就不可能达到如此鲜明的程度。

这种情形，在课文里也是屡见不鲜的。如《马说》中“安求其能千里也”一句，删去“也”字，于句意似无伤损，也不怎么影响上下文的衔接，然而作者强烈谴责摧残人才这一社会现象的感情却不大容易看出来了。刘勰曾说，虚词有“据事似闲，在用实切”的特点。对于虚词，不可只限于作语法分析，一定要再三玩味，才能领略到它的佳处。

原载1984年3月5日《语文报》(第92期)
署“江枫”

学文言虚词，要懂得“审辞气”

现在学文言虚词，十分重视词类的划分，这是有道理的，但对初学者却未必适宜。文言虚词中的兼类现象极为普遍，如“以”可以兼作介词、连词，“与”可以兼作助词、介词、连词；不仅如此，一词而兼虚、实两大类的也不少，如“之”可以作动词和代词（实），又可以作助词（虚）；“其”可以作代词（实），又可以作副词和助词（虚）。这只是就常见范围说的，如果把不常见的也包括进来，情形更为复杂。这样来学文言虚词，当然会使初学者望而生畏。

从前人学文言虚词可不是这样，而是用“审辞气”的方法，就是把虚词所表示的语气和它所在的句子内容放在一起加以研究。例如“必”是决辞，表示决断语气，“令”是设辞，表示假设语气；又不只是研究，还要把这样的语气读出来，在反复诵读中加深体会。这样学习虚词，二三年之后便可以收到一个明显的效果：对文言文的语感有所增强。笔者在抗日战争期间上中学，就是用这种方法学文言虚词的，到初中三年级虽然不懂得“介词”“连词”这类术语，却能看懂《聊斋志异》中的许多故事，能看《三国演义》——自然，那时学的文言文篇目也多一些。

奥秘何在呢？就在它符合文言文的特点。大家知道，文言是一种书面语，是写出来给人看的，按过去的习惯又不加标点，这就给阅读的人造成了困难。虚词的大量使用，就是适应这种情况产生的。因为有了虚词，读者不仅可以知道读到什么地方应当停顿以及停顿时间的长短，而且可以看出作者的语气，如同听他口述一样，这对理解句子的层次、揣摩作者的思想感情都有很大的好处。这是问题的一个方面。问题的另一个方面是，如果不用心去“审”，“审”后又不继之以朗读，虚词的上述作用就不可能发挥出来，或者发挥得不充分。从前课堂上常用领读的方式，老师读一句，学生跟着读一句；每篇课文领读二三遍后，学生对作者的语气便有了初步感受，课后再读几遍，读时又注意作一点比较，感受也就加深了，效果自然不错。看来这种教学方式在今天仍有借鉴的价值。

最近几年，文言文教学中讲古汉语语法的现象日趋严重，又忽视了朗读背诵，所以收获甚微。现在，义务制《中学语文教学大纲》明确规定，初中文言文教学要求是"能顺畅地朗读，能背诵一些基本课文"。这完全符合青少年学习文言文的规律。要读得"顺畅"，除了理解课文内容大意而外，语气的表达也是一个不可忽视的因素。我们学虚词，就应朝着这个方向努力；词类的划分在必要时可以讲一点，但决不是主要的，更不能以此作为考试内容，否则就非徒无益，反而有害了。

原载《笔话》1992年第1期

再谈“审辞气”

凡事物都有二重性，文言虚词也不例外。

有些人学了几年文言文，仍然感到虚词难学，这主要是因为他们不懂得虚词的基本作用，学习的方法不怎么正确。其实，只要懂得虚词的基本作用，按照它自身的规律来学，不但不会感到困难，而且学起来蛮有兴趣。

那么，什么是文言虚词的基本作用呢？照一般的说法，就是它在句子构造中的作用。这个回答是对的，但不够完全。如果你有兴趣随意浏览一下文言文的各种体裁，就会发现：凡说明、写景一类文字，虚词一般并不多见；可一到记叙、抒情和议论，虚词就多起来了，有时甚至多到触目皆是。这是什么缘故呢？原来虚词跟语气的表达有关，而这后一类文字常常要借助语气来表达说话人（包括作者和篇中人）的思想、感情和态度，所以虚词就多。从前有句俗谚："之乎者也矣焉哉，七字安排好秀才。"这当然不是说学文言文只需要懂得这七个虚词；文言虚词约有四百多个，常见的也不少于二三十个，都应当懂得一点，但这七个字使用频率很高，跟语气表达的关系又最为密切，却也是事实。因此，说文言虚词的基本作用，还得加上这一条：语气的表达。现在六十岁以上的文人，大约都有这样的经历：那时学文言文只是一个劲儿地诵读而不懂得划分词类，也不会分析句子的语法构造，但读了几年，确实能提笔作文章，至于"秀才"嘛，则虽不中，亦不远矣。

由此看来，经过朗读品味文章的语气，从而领悟虚词在表情达意上的作用，这是学习文言虚词的一条重要方法。说得简单些，叫作"审辞气"。从前人把它跟"详训诂（解释词义）"并列为学习文言文的两件大事。

"审辞气"该怎么做呢？试举一例：柳宗元《捕蛇者说》的开头，在扼要介绍了事情的背景和蒋氏的身世后，便是作者的发问："若毒之乎？"往下是蒋氏的长篇答话，而以反问句"又安敢毒邪"作结。这两句话蕴含很深，又都跟虚词的运用有关。"乎"的语气较重，显出问者的确是有疑而问；"邪"的语气较轻，虽属反问，但事出无奈，其怨望之深已不言而自明，这种"哀而不伤"的境界是很耐人寻味的。可以设想，如果不借助虚词表达说话人的语气，这两句话就只剩下在结构上前后照应这一作用了。

懂得“审辞气”的道理，学习文言文过程中的某些困难便可迎刃而解。

一个是行文上下连贯的问题。由于文言文中省略较多，而初学者又好用直译为白话的方式来学，便常常产生行文不连贯的感觉。例如《岳阳楼记》中“薄暮冥冥，虎啸猿啼。登斯楼也，则有……”这段话，照直翻译出来，“虎啸猿啼”跟“登斯楼也”是很难连上的。要解决这个问题，就要很好地研究这个“也”字的作用。照一般的说法，这个“也”字表示句中停顿，但仅知道这一点还不够，还应进一步追问：为什么这个地方必须停顿一下呢？这样一追问，再看看上下文，就会懂得上文是写景，下文是抒情，这说明内容变了，而随着内容的变化，语气自然也要改变。由此可见，“也”后的停顿正是表明了这一变化的到来。能从“也”字领悟到文章语气的转换，连贯的感觉便油然而生。

再一个是个别虚词用法的问题。我们学文言虚词，难点其实不多，例如“其”字的用法，难点仅在于作语气副词用，尽管懂得一点道理，但真正用起来，却又感到困惑不解。要解决这个问题，也要从语气入手。例如韩愈《师说》中“其皆出于此乎”和“其可怪也欤”这两句话，前者有揣度而倾向于肯定的语气，后者有感叹而又带指责的语气。弄清了语气，这两个“其”字的用法就昭然若揭了。

我们学文言虚词，决不能用“胶柱鼓瑟”的办法。古人用虚词虽有成法，却又不拘泥于成法，重在一个“活”字。同一句话，可用虚词也可不用虚词，可以用某个虚词也可以改用别的虚词。要懂得这种变化，必须先弄清语气，而后循此继进，从说话人的思想、感情和态度上找出原因来。例如《史记·项羽本纪》叙述项羽突围途中，有这么一段话：“项王乃驰，复斩汉一都尉，杀数十百人，复聚其骑，亡其两骑耳。”班固在《汉书·项籍传》中照抄了这段话，只将最后一句改为“亡两骑”，省去“其”“耳”两个虚词。这种不同，从根本上说反映了两位作者对项羽的态度的不同：司马迁同情项羽，有称赞项羽作战本领的意思，所以用感叹的语气；班固没有这样的意思，仅用直陈的语气。诸如此类的情形，如不认真地“审辞气”，是很难懂得虚词的妙用的。

我这样说，并不意味着现代人研究出来的古汉语语法可以不学。问题在于初学者不能一来就学那些艰深的东西，掉进名词术语的汪洋大海里去。那只能造成“灭顶之灾”！所以，最好的办法是，先学会体会虚词所表达的语气，就像初学游泳一样，先在浅水里游游，待到技术提高后，再到江河湖海里去。至于说虚词有表达语气这一基本作用，当然是从总体上说的，例外也有，如介词“以”“于”，连词“因”“遂”，等等，就很难说它们有这种作用，但这类虚词数量不多，也容易掌握，这是众所周知的。

原载《博览群书》1985年第5期，
原题为《学文言虚词要懂得“审辞气”》，署“张名”

三谈“审辞气”

同学们常说文言虚词枯燥、难学，其实不然。从前，学习文言文，有句口头禅，叫作“之乎者也矣焉哉，七字安排好秀才”。老师从来不讲虚词的词性，只是一个劲儿地摇晃着身子领学生朗读，要求学生认真揣摩文句的语气；待到学生读熟了再进行检查，纠正读得不对的地方。久而久之，学生也就领会了虚词的作用，掌握了它们的用法。

这种学习虚词的方式叫作“审辞气”，就是从体会语气入手来理解虚词的作用。懂得“审辞气”，虚词就不难学了。

例如《鸿门宴》里，沛公有这么一句话：“所以遣将守关者，备他盗之出入与非常也。”语法书上告诉我们：“他盗之出入”是个主谓结构，充当动词“备”的宾语，“之”在这里起取消句子独立性的作用。仅靠这样分析来学习虚词，于初学者则不相宜，搞得不好，很可能是“你不说还好，说了我更糊涂”。但是，如果用“审辞气”的方法来学，情形就不相同了。从“辞气”上来看，有了这个“之”字，全句就显得舒缓些；再用这样的语气读几遍，联系上下文仔细体会，就会得到这样的印象：这是沛公委婉地向项伯解释事情的经过，为的是消除误会，求得谅解。

怎样才能学会“审辞气”呢？

第一，要善于作比较。

虚词的一个显著特点是“活”：有时非用不可，有时又可以不用；有时能用别的字替换，有时又不能。掌握这个特点的最好办法就是进行比较。例如上面提到的沛公那句话，就可以拿来跟同一篇课文里樊哙的话“故遣将守关者，备他盗出入与非常也”作比较。为什么樊哙话中的“他盗出入”中间不加“之”字呢？行文避免重复固然是个原因，但更重要的是因为语气不同：樊哙慷慨陈词，意在责备项王，所以只捎带说明一下事实的真相，语气不可能是舒缓的。

第二，要先抓实词，弄清文意。

分析虚词，不能脱离它的具体语言环境。古人说，实词是文章的“体骨”，虚词是文章的“性情”。自然，没有“体”，也就没有“性”。一定要先抓住实词，弄清文意，看看作者写的是怎样的事或怎样的问题，把其中的道理想清，再去体会行文的语气。例如“其孰能讥之乎”（《游褒禅山记》）这句话，先弄清“孰能讥”三个字的意思，再联系上文“尽吾志也而不能至者”，知道作者说的是事情的正确方面，本无可讥，就能毫不费力地看出，“其……乎”所表达的正是反诘的语气。

第三，要反复朗读，仔细体会。

这一条最重要。因为虚词有传神的作用，不张嘴读，不是眼耳口心并用，就很难体会得到。例如“公将鼓之。刿曰：‘未可。’齐人三鼓。刿曰：‘可矣。’”（《曹刿论战》）这段话，如果只是一味地看，也许会以为最后那个“矣”字无关紧要。只有经过反复朗读，仔细品味，才能领会到这是向鲁庄公暗示：早先说“未可”，是因为有所待——待“齐人三鼓”；现在齐人既已“三鼓”，我方的反攻时机就到来了。可见，这个“矣”字是富有戏剧性的，表示乐观、肯定。又如“推此志也，虽与日月争光可也”（《屈原列传》），句中连用两个“也”字，语势豁达，感慨极深，不仅表达了作者对自己笔下人物的衷心赞美和同情，也寄托了他的愤世嫉俗之意。这种感情是十分深沉的，不经过朗读，就不容易体会出来。

“审辞气”是学习虚词的一个好办法，能帮助我们理解大部分虚词的作用。但不能把它绝对化，如“以”“于”这些介词就很难说它们对语气的表达有什么作用。因此，词性的分析仍然值得注意。如果既懂得“审辞气”，又能在此基础上作一点语法分析，就可以灵活地掌握虚词了。

原载《中学生阅读》1984年第1期，

原题为《谈谈“审辞气”——介绍一种学习虚词的方法》

一个有趣的比较

——介绍一种学习虚词的方法

用比较的方式来学习文言虚词，常常能得到具体而生动的启示。例如，两个人写同样一件事而虚词的运用有所不同，拿来比较一番，便可从中悟出某些道理来。先看下面的话：

> 吾入关，秋毫不敢有所近，籍吏民，封府库，而待将军。所以遣将守关者，备他盗之出入与非常也。日夜望将军至，岂敢反乎！愿伯具言臣之不敢倍（背）德也。（着重号系笔者所加。）

这段话出自《史记·项羽本纪》，是沛公（刘邦）对项羽的叔父项伯说的。当时项羽正准备进攻沛公军，沛公要项伯说情，让项羽放弃进攻的打算。这番话说得十分委婉，但不经比较，就不容易看出来。再看班固《汉书·高祖本纪》中同样内容的话：

> 吾入关，秋豪（毫）无所敢取，籍吏民，封府库，待将军。所以守关者，备他盗也。日夜望将军到，岂敢反邪！愿伯明言不敢背德。

这段话完全是直陈其事的口气，关键在虚词的运用上。第一，前段话里“待将军”之前有一个“而”字，语气显得舒缓，表明“籍吏民，封府库”就是为了“待将军”，含有尊重对方（项羽）的意思；后段没有这个“而”字，而将“籍”“封”“待”三事并列，语意平淡。第二，前段的反诘用“乎”字收尾，语气较重，表示出“断然不敢反”的意思；后段用“邪”字收尾，语气较轻，不过是说“于理如此”。第三，前段末句用“臣之不敢倍德”这个主谓结构作宾语，又用“也”收束全句，姿态横生，更显得希望的诚恳；后段不用这些虚词，给人的感觉只是“本意如此”，缺乏感情色彩。

原载《语文报》，期次不详，署“江枫”

学文言虚词也要“听”

这个题目乍看起来似乎有点儿怪，不可理解，其实非然也。

学语言是从听开始的，这一点大概不会有人怀疑。例如幼儿学说话，总要先听大人怎么说，听出一点道道儿再模仿着说，如此学上二三年，日常用语便大体上都会说了；而哑童之所以哑，正是由于丧失听力的缘故。我们现在学英语，也要先用心听老师念，听磁带发声，听准了再跟着念；不注意听的人往往学不好。道理很简单，语音是语言最基本的要素，而要熟悉、掌握语音，非首先听好不可。孟子说的置之齐则齐语、置之楚则楚语，也说明了“听”在语言学习中的重要作用。

至于说学习文言虚词也要听，跟上述情形倒有所不同，因为文言虚词并无实在的意思；孤立地听是毫无意义的，要听就要把它放在一整句话乃至一个语段里来听，看看它对这句（段）话的意思有什么影响——这实际上就是听语气了。例如：

“吾欲之南海，何如？”（《为学》）——这是征询意见的语气。

“此中人语云：‘不足为外人道也。’”（《桃花源记》）——这是叮嘱语气。

“一人、一桌、一椅、一扇、一抚尺而已。”（《口技》）——这是限制语气，表明只有这些，别无他物。

“医之好治不病以为功。”（《扁鹊见蔡桓公》）——前半句加“之”，表示话说得舒缓，是故意讽刺的语气。

所谓听语气，也就是我前一篇文章里提过的“审辞气”，这是过去几千年人们学习文言虚词的主要办法，并非我们的创造。“审”，不单是用心辨析，还要用朗读来检验，看看自己所判定的语气是否合乎句意以及语气是否读得准确，所以听是贯穿在这全过程中的。如果再扩大到听人（老师、同学）朗诵也注意到语气的表达，效果自然更好。这种学习方式的特点是首先着眼于句、段的整体意思，而后才去品味虚词的作用，虽不一定能说出什么道理来，却能心领神会，正如我们读现代文章，只要通晓整体意思，即使有几个词语解不出也无碍于阅读一样。初学者用这种方式来学习文言虚词是很相宜的。

世界上的许多事情常常是简单和复杂的统一，就拿认字来说，最简单的莫过于“一”了，恐怕连三岁孩子也认得，可是训诂学家却讲成“惟初太始，道立于‘一’，造分天地，化成万物”，这就涉及古代宇宙生成理论了。文言虚词何尝不是如此？“之乎者也”，读过几篇文言文的无人不晓，也不见得妨碍阅读，但一经语法家们分析，便有七八种乃至十多种用法。我们承认有进行这种研究的必要，但这毕竟是少数人的事；对大多数人特别是对初学者，用不着知道那么多，只要一边朗读一边品味语气，最后达到粗知文意，这就够了，因为我们的目的仅在于能够读懂一些浅近的文言作品。

还要说明一点，说虚词跟语气的表达有关，指的是严格意义上的虚词即副词、连词、助词、叹词四类；代词所代者为实体，介词介于虚实之间，只是按旧例列入虚词，二者跟语气的表达无关。

原载处不详，署“师平”

文言虚词的模糊分类法

不少同学有这样的苦恼：中学语文课本里讲到的文言虚词，分类很细，每个虚词有许多种用法，很难掌握。同学们虽忙于抄笔记，背定义，可一到看书（尤其是看新课文），却又觉得茫然了。这是什么缘故呢？原来科学的语言理论（包括文言虚词的规律知识在内）是大量的具体语言现象的抽象和概括，对具体语言现象不很熟悉甚至知之极少，而强求在短时间内通晓它，当然是很困难的。因此，为求实效计，学习文言虚词可分两步走，第一步，可把中学语文课本中常见的文言虚词，按照它们在句子中的位置和功用，大体归类。第二步，再根据文意，确切了解每一个虚词在句中的具体意思和功用。这里着重谈第一点。按虚词的位置大体归类的方法来学习虚词，我们不妨把它叫作模糊分类法。

这所谓的“模糊分类法”，其实是古已有之。梁人刘勰在《文心雕龙·章句》里虽将虚词按其在句中的位置分为三类：在句首的一类称为“发端之首唱”，如“夫”“惟”“盖”“故”等，其作用是领起一句话或一层意思；在句中的一类称为“劄（札）句之旧体”，如“之”“而”“于”“以”等，其作用是把各种句子成分组织在一起；在句末的一类称为“送末之常科”，如“乎”“哉”“矣”“也”等，其作用是结住一句话或一层意思。这种分类法虽不是很科学的（因为只能按常见的一些虚词的某种意思或功能划分），却能给初学者指示一条学习的门径，因为明了这三类虚词的基本作用，学起来便会觉得理丝有绪，宜于把握。

这样来学习虚词，侧重在一个“悟”字上，而不死记硬背某些条文。所谓“悟”，就是根据全句大意（有时还要根据上下文）自行斟酌某些虚词的意思或作用，求得大体近似即可，不必强求译成某些现代词语。“悟”的目的在于粗略领会原文，不在于翻译。（翻译是件很困难的事，没有一定的语言修养，很难做好。）初学文言文的人把基点放在“悟”字上，暂时避开某些一时难以克服的困难，才能真正学有所得。

当然，必须具备一定的条件才能“悟”。基本的条件有两个：一是在了解实词意思的基础上弄懂整句话的大意；二是反复诵读。下面举两个例子（难以理解的虚词放在括号里）：

①（此）臣（所以）报先帝，（而）忠陛下之职分（也）。（《出师表》）

这句话要先了解“报”（报答）、“忠”（效忠）、“职分”（职责）这些词的意思；还要联系上文弄清这所谓“职分”指的是“兴复汉室”即恢复汉王朝的政权。弄清了这几个实词就会大体懂得：诸葛亮把恢复汉王朝视为自己的职责，并以此来报答刘备和表示对刘禅的忠心。至于括号里的虚词，“此”是领起全句，“所以”“而”在句中起连接作用，“也”收束全句——理解达到这一步也就行了。第二步，再反复诵读，查阅有关工具书，那么，就知道“此”是总括前面所说“奖率三军……还于旧都”，“也”表示十分肯定的语气。

②（盖）儒者所争，尤在于名实，名实已明，（而）天下之理得（矣）。（《答司马谏议书》）

这句话的要害在“名”“实”两个字上。前句说历来学者们所争论的是名称和实际是否相符；后句说名称是什么、实际又怎么样都弄清楚了，世上的道理就不难懂得。其中“盖”“而”“矣”三个虚词，只要看清它们的位置，大体懂得它们的作用就行了；在此基础上，再反复诵读，用心揣摩，就知道“盖”在这里表示议论的开始（上文是说明），有点“应当指出”或“如所周知”的意味，“而”跟“就”相当，“矣”相当于“了”。

原载《中学生阅读》1984年第7期，署“金昆”

“之”的用法漫谈

“之”是最常见的文言虚词之一，用法极为灵活，尤其是在作指代用时，可以根据具体的语言环境生出各种不同的意思来。

毛泽东同志在抗日战争时期，曾经给正在养病的王观澜同志写过这样一段话：“既来之，则安之，自己完全不着急，让体内慢慢生长抵抗力和它作斗争直至最后战而胜之；……”其中，“既来之，则安之”这句话是孔子说过的，但没有加引号，这是因为它历来被广泛应用，已经变成了习惯语的缘故。句中的两个“之”，一般均解作“于此”，指代养病处所。这里可译为：既然到这里来了，就安心地待在这里。

但孔子原话中的“之”，却不能解作“于此”。孔子说这话的背景是：当时鲁国大夫季孙氏已掌握了国家实权，跟鲁君的矛盾很大。季孙氏害怕颛臾（鲁的一个附庸国）帮助鲁君反对自己，于是以颛臾“不服”为借口，准备派军队去消灭它。孔子知道这件事后，发了一通议论来揭穿季孙氏的用心。其中，有关的话是：

> 夫如是，故远人不服，则修文德以来之。既来之，则安之。（《论语·季氏》）

这段话中的三个“之”，都指代“远人”即颛臾。“既来之，则安之”可译为：既然他们归附（于自己），就要让他们安下心来。

由此可见，即使在同一句话里，由于说话背景（也可称为“大的语言环境”）不同，“之”的指代意味也可能产生某些细微的差别。

更有趣的是，“之”在句中作衬字用时，有点类似作曲家根据曲调的需要在歌词中加进“啊”“咳”一类的字。这类作衬字用的“之”字，具有调配音节的作用，使文章读来朗朗上口，铿锵有声，而并无实在的意思，即便取消，也无损于句子的完整性。例如：

> 辍耕之垄上，怅恨久之。（《陈涉世家》）

> 乐郊乐郊，谁之永号！（《硕鼠》）

这两句话中加点的"之"确实有调配音节的作用，而且确实可以取消——如果只看表达的完整性的话。但是，从表达的生动性来看，这两个"之"字又不能取消，因为它们具有传达感情的作用，有了它们，才有蜿蜒不尽的意思；如果只剩下"怅恨久"或"谁永号"，内容虽然不变，意境却变得平淡了。

再如：

> 乃作昼锦之堂于后圃。（欧阳修《相州昼锦堂记》）
>
> 二客从予，过黄泥之坂。（苏轼《后赤壁赋》）

"昼锦堂"是建筑名，"黄泥坂"是地名，如同我们现在说"颐和园""大青山"用不着加进一个"之"字。在文言文里诸如此类的事物名称中加"之"字，则纯粹是出于调配音节的需要。

末了，附带说一下，"之"的这些作用都是在语言的发展过程中逐步产生出来的。"之"，最早是个实词。《说文》中，"之"作"㞢"，上面的"ψ"像草儿的枝茎，下面的“一”表示土地，有向上生长的意思，从中引申出“至”“到”的意思，表示动的趋向。前面例句“辍耕之垄上”的“之”，就是这个意思。“之”作实词（动词）用时，它后面往往跟着一个表示地点的词语（如“垄上”），阅读时要仔细加以分辨。

原载《中学生阅读》1984年第10期，署“江枫”

“之”于史文神理何干？

——说“汉军之楚歌”

古代典籍的不同版本中，个别字句常有出入，孰优孰劣，又往往是仁者见仁，智者见智，难作定论，但也不妨作一点比较。例如“项羽卒（猝）闻汉军之楚歌”（《史记·高祖本纪》）中间的“之”字，清张文虎为金陵书局校刊《史记》时就将它删去，而桐城派的末代宗师吴汝纶则以为此字不可删，删去有害“史文之神理”。在比较两说的得失之前，无妨先看看这句话的上下文：

> （汉）五年，高祖与诸侯兵共击楚军，与项羽决胜垓下……项羽卒闻汉军之楚歌，以为汉尽得楚地，乃败而走，是以兵大败。使骑将灌婴追杀项羽于东

城，斩首八万，遂略定楚地。

这段史实在《史记·项羽本纪》中已有详细记载，这里是略写，只说事情的梗概。既是说梗概，自当删去一切可有可无的字，而“汉军之楚歌”在此句中为“闻”的宾语，其义跟“汉军楚歌”并无区别。从这一点来看，删去“之”字，不为无理。但若就语气而言，则二者的区别却又十分明显：有“之”则语缓而曲；无“之”则语平而直。平而直，是客观叙述的口气；缓而曲，就带有主观的色彩了，可以使人品味出人物的情态。这两种语气哪一种好呢？答案只能是后者，因为项羽此刻正处在决定存亡的关头，他的心情是很复杂的：在此前的七十多次战斗中，他战功赫赫，不可一世，而今日却身陷重围，前途未卜，他将如何摆脱眼前的困境呢？在这种情况下听到汉军唱楚歌，必然会引起他内心的震动：始而疑其未必然，既而知其确然，最后感到大势已去。有了这样一个心理过程，下文接着说“以为汉尽得楚地，乃败而走”才符合人物行为的发展逻辑。这样的过程在《史记·项羽本纪》中已作过描述，这里没有必要重复，但仍需要让读者去自行品味，也许这就是作者加上了那个“之”字的原因吧？这样看来，吴汝纶主张保留的意见是完全正确的。

在《史记》中，这一类“之”字其实随处可见，也同样值得品味。例如蔺相如语“公之视廉将军孰与秦王”(《廉颇蔺相如列传》)，这显然是试探性的语调，是为下文“夫以秦王之威”那段话作铺垫的，说话人实际上是胸有成竹，只待对方认可，然后趁势说出正理；如果删去句中的“之”，就没有这样的韵味，变成有疑而问了。又如刘邦语“愿伯具言臣之不敢倍德也”(《鸿门宴》)，仔细品味便会觉得说话人的谦卑之态、恳求之情如在眼前，但若去掉“之”“也”二字，就只剩下一个希望转达的意思了，跟原句相比，要逊色得多。

至于吴所说的“史文之神理”，其实并不是什么神秘的东西。史家记述人物的言行，大而言之，要善于把握人物的思想性格和他（她）的事业的发展逻辑，要使读者了解他（她）成功或失败的原因；小而言之，要写出人物在关键时刻的情态，并将这样的情态跟他（她）的思想性格联系起来。这二者的总和就是“史文之神理”，历代的良史都很注意这一点。

据此可知，“之”确实跟史文神理有关，条件是当它用来显示人物情态的时候。

本文据手稿排录

略说“之”的叠用

“之”在一句话中重复出现两三次，是谓叠用。叠用是不是好呢？要作具体分析。例如《礼记·檀弓》里有这么一段话：

> 南宫绍（tāo）之妻之姑之丧，夫子诲之髽（zhuā）曰：“尔毋从从尔，尔毋扈扈尔。盖榛以为笄（jī，簪子），长尺而总八寸。”（注：古代一尺约合现在0.67尺。）

南宫绍之妻是孔子的侄女。这段话的意思是，孔子教导她在为婆母服丧期间，头顶上的髽髻不要梳得太高太宽，因为用榛木做的簪子和束后下垂头发的长度都是有定数的。后来妇女服丧实行的“髽法”，即来源于此。

这段话内容简单明白，没有什么需要探讨的，于是有人在句法上生出议论来，认为开头那句话叠用三个“之”，真是妙极了。但清朴学大师章学诚不同意这种说法，认为这句话可以改为“南宫绍之妻有姑之丧”（见《丙辰札记》）。

哪一种意见对呢？这要先看这句话的作用。“南宫绍之妻之姑”即南宫绍之母，之所以不说“南宫绍丧母”，而要拐个弯说“南宫绍之妻之姑之丧”，是因为要先指出孔子的教导对象，如果说成“南宫绍丧母”，则跟下文扞格不合。可见这句话是给下文作铺垫的；既作铺垫，自当以写得简洁平实为好；如果连用三个“之”，层层进逼，重点就落在“丧”字上，给人的印象是下文将要说到办丧事的情况。这是说，不该叠用而叠用。

用得好的也不乏其例。《论语·泰伯》：“如有周公之才之美，使骄且吝，其余不足观也已。”周公即姬旦，文王之子，武王之弟，孔子一向视他为才美兼备的典范，“才”指才能，“美”指美好资质，连用两个“之”带出这两种品质，就突出了兼备的意思，比用“才与美”为好。《孟子·梁惠王上》：“是故明君制民之产，必使仰足以事父母，俯足以畜妻子，乐岁终身饱，凶年免于死亡，然后驱而之善，故民之从之也轻。”这最后一句其实也可写作“故民从之也轻”，意思是百姓很容易听从（统治者的命令）。但在“民”“从”二字间加上“之”，就有了强调的意味，色彩加重了。

本文据手稿排录

“矣”有“言外之意”吗？

“矣”在文言文中也是一个常见虚词，同学们常因其简单易懂而不怎么注意。其实，这个字放到一定的语言环境里，往往具有特殊的表情达意作用。

“矣”字可以用于叙事。例如《捕蛇者说》中的这两句：

（1）向吾不为斯役，则久已病矣；

（2）自吾氏三世居是乡，积于今六十岁矣。

前一句叙述假定已经完成的事实，后一句叙述已经出现的事实，从时态来说，都属于“完成时”，“矣”相当于现代汉语中的“了”，看来确实不足为奇。但联系上下文来看，此中又有不寻常的意味。前一句是承蒋氏全篇答话的主旨，即“则吾斯役之不幸，未若复吾赋不幸之甚也”这句而来，用假定已经存在的事实来证明这句话的正确性，同时又为下面答话的结句“又安敢毒耶”张本，此处着一“矣”字，则说话人的辛酸而又欣慰的复杂感情，自然触手可及。后一句则是下文自诉生平的总领句，它本来是概括地陈述客观事实，但结尾处加上一个“矣”字，色调就变了，就带上了说话人的主观感受——他的沧海桑田之感。应当指出，这两个“矣”字恰恰用在答话的开头部分，尽管到此读者还不知道蒋氏这一番血泪控诉的具体内容，但凭借这两个“矣”字的妙用，就已经引起强烈的共鸣了。

“矣”字还可以用于议论。例如《过秦论》中的这两句：

（1）秦无亡矢遗镞之费，而天下诸侯已困矣；

（2）山东豪俊遂并起而亡秦族矣。

这两个“矣”字好在哪里呢？要从全篇来看。这篇文章有一个显著特点：它在文体上属于议论，而大部分内容是叙事，叙述秦由强盛到衰亡的发展进程。当然，这种叙事有别于历史家叙写历史，而着眼于从一定的立场出发对史实作出形象而精辟的概括；同时在这过程中插入几个议论性的句子，以表明作者对所述史实的观点。上面举出的两句话，就是适应这一需要产生的。前一句说明秦以诈力政策，分裂各诸侯国的联盟，而后各个击破，取得了很大的成功；后一句则说明秦在统一天下之后以强力压服被征服者，结果使自己处于极端孤立的地位，由此自然导出全文的结论："仁义不施而攻守之势异也。"作者在这两句的句末置一"矣"字，确实寄寓了很深的感慨，其言外之意是，秦的灭亡不能说不是自取的。

"矣"字的这些用法告诉我们：文言文的表达方式跟现代汉语的表达方式不尽相同，学文言文如果一味用"某字相当于某字"（如"矣"相当于"了"或"啊"）这种办法来学，就很难体会到作者的深意。

原载《中学生阅读》1984年第12期，署"金昆"

“矣”字值得品味

“矣”是个常用虚词，但跟“之”“乎”“也”“者”等相比，出现的频率要低一些。以初中语文第六册为例，八篇文言文教材里仅出现十二次。“矣”的用法看来也比较简单，除倒装句而外，都置于句末，当助词用，大致相当于现代汉语中的“了”或“啊”，表示感叹的语气。这很容易给人造成一种片面的印象，以为它用处不大。其实不然，文言文里有许多微妙的意思往往要靠它来表达；尤其是在关键的地方，下一个“矣”字，可以省却许多话语。下面试举三例并略加说明。

①此三子者，皆布衣之士也，怀怒未发，休祲降于天，与臣而将四矣。（《唐雎不辱使命》）

这句话，表面上是解释上文提到的三位勇士行刺时出现自然变异现象的原因，实际上是强调一个“怒”字，即强调唐雎以“士之怒”来对抗秦王的“天子之怒”的决心。它用“矣”字收尾，语气才显得严峻，含有不是虚声恫吓而是志在必行的意思；如果把“矣”换成“焉”，语气就显得平和了，其表达效果也差得多。像这样的“矣”字，前人称为“决辞”，是很有道理的。

②由是感激，遂许先帝以驱驰。后值倾覆，受任于败军之际，奉命于危难之间，尔来二十有一年矣。(《出师表》)

这是用“矣”字结住叙事，在行文中作一顿笔，其中寄寓着对往事和君臣间情谊的无穷感慨，由此再接着写刘备在临终时以“大事”相托，方为有本。可见有这个“矣”字，文势才有波澜。

③夫八郤，五大夫三卿，其宠大矣，一朝而灭，莫之哀也，唯无德也。(《叔向贺贫》)

叔向这样来概括郤氏家族的兴亡史，意在叫宣子引为前车之鉴。值得品味的是，前两句写兴盛时期状况时突然添上一个“矣”字，然后转入写灭亡时期情形，使二者形成鲜明的对照。这个“矣”字明显地包含着“富宠”不足恃的意思，也表达了叔向对宣子的殷切期望，颇有点议论的味道。

原载1984年10月15日《语文报》(第124期)，
署“江枫”

《马说》中的五个“也”字

“也”是个常见的文言虚词，大多置于句末表示说话人的语气，有时也放在句中表示短暂的停顿，用来提醒读者注意下面将要说到的内容。这些用法看起来很平常，但运用恰当，也能表达出某些微妙的意思，引起读者的回味。《马说》中的五个“也”字就是如此。

这篇文章共分三段，每段最后一句都用“也”字收住。这三个“也”尤其值得品评，它们所表达的语气是由各段的内容决定的，同时又反转过来表达了作者在叙述这些内容时的感情状态。第一段主要写千里马被埋没的原因，即“伯乐不常有”，而写得有声有色的却是千里马被埋没的情形，即“祇辱于奴隶人之手，骈死于槽枥之间”，这一形象的概括已经显出作者的愤愤不平之意；最后用“不以千里称”作结，再着一个“也”字，更流露出无限痛惜的感情。第二段从千里马的特点出发进一步揭示它的才能得不到施展的原因，把责任归于“食马者”的无知，然后步步紧逼，到段末再用反诘句“安求其能千里也”，把作者愤怒谴责的感情发展到高潮。而这句话中的“也”字，不仅凝聚着作者这种强烈的感情，而且包含着诉诸读者的正义感的意图。第三段是全文的总结，作者用自问自答的形式，把“真无马”和“真不知马”对照起来，“无马”一句用“邪”字轻轻带过，而“不知马”一句则用“也”字收住，其间固然有作者的痛切之感，而对“食马者”的深刻嘲讽也跃然纸上了。

以上三个“也”字，都跟文章的全局有关，从某种意义上看，也可以说是全篇脉络的标志，是应当反复推敲的。剩下的两个“也”字都在行文中间：一个在句末，即“食马者不知其能千里而食也”中的“也”字，这是作者故作顿笔，有暂时了结，不再说下去的意思，可以省却一些无用的话。另一个在句中，即“是马也，虽有……”中的“也”字，则显然是提醒读者注意“食马者”的无知给千里马所造成的难堪的后果。

我们要体会“也”字（包括其他虚词）的这些微妙作用，最好的办法就是反复朗读课文。要努力读出语气，读到烂熟于胸，好像其中的句句话都出于自己的口，再来体会就不难了。

原载《中学生阅读》1984年第11期，署“江枫”

《醉翁亭记》的二十一个“也”字

欧阳修在《醉翁亭记》里连用二十一个“也”字煞句，是创造性地使用虚词的一个范例，读来只觉得神采飞扬，摇曳生姿，而绝无单调重复之感。奥秘何在呢？

这要从虚词的作用说起。现在讲虚词，一般只讲它的语法作用，例如“也”是个语气词，用在句末表示解释或判断，有时也表示感叹、祈使、疑问和反诘等语气；用在句中则表示提示。这是把虚词放在句子范围内来进行研究，因此通常只要了解整句话的意思，就不难看出其中某个（或某些）虚词的语法作用。但古人写文章用虚词，却更加看重它表情达意的作用，因为虚词用得好，确实有“含不尽之意于言外”的效果。这就要从全篇来看了。清末古文家林纾说：“须知有用一语助之辞，足使全神灵活者，消息极微，读者隅反可也。”“全神”，其实就是全篇的思想感情。着眼于全篇，才能更好地领会虚词在表情达意上的作用。

再回到《醉翁亭记》上来。作者连用二十一个“也”字，大约有两个原因：第一，文章采用了直接诉诸读者形象思维的写法，总是先将实际的景物描绘出来，而后加以解说，如此层层展开，有如画卷平舒，每一层又都用一个“也”字结住，使人感到不疾不徐，自然合拍。第二，作者的纵情山水，决非隐逸之士的超然物外，而是在政治清明、社会安定的前提下，跟老百姓一同享受无忧无虑的生活。这种感情既渗透在景物描写之中，与之互为表里，又表现在某些内心独白式的话语里，这就使全文洋溢着一种平和、愉悦的情调，而“也”字的连用则恰好成为这一情调的最合适的表现形式。对此，细心的读者通过反复吟诵是不难达到心领神会的。

我们无妨来作一点比较。例如“作亭者谁？山之僧智仙也。名之者谁？太守自谓也”，其实是暗示命名的深意，也表达了作者得意的心情，如果将它改为“作亭者山之僧智仙，名之者太守”或“山之僧智仙作亭，而太守名之”，上述的意味就消失殆尽了。又如最后一段的前三句，从“太守归”“禽鸟乐”一直写到“太守之乐其乐”，层层加高，最后点明全文中心，其中的三个“也”字都显示了作者“与民同乐”的胸襟，值得玩味再三；如果把“太守归而宾客从也”的“也”改为“之”，把“游人去而禽鸟乐也”的“也”改为“焉”，意境就会变得平淡得多，毫无咀嚼之味了。

原载1984年4月16日《语文报》(第98期)，
署“江枫”

这个“也”字增不得

前面已经说过《醉翁亭记》中“也”字的用法，本文再补充一点：由于这种用法确实不同寻常，在当时就引起了反响，发生过争论。《桑榆杂录》里有一段记载与此有关，抄录如下：

> 或云，《醉翁亭记》“也”字太多。荆公（王安石）曰：“以某观之，尚欠一‘也’字。”坐（座）有范司户者，曰：“‘禽鸟知山林之乐，而不知人之乐’——此处欠之。”荆公大喜。

这段话很可能是伪托王安石——这一点打算放到后面去说。这里先把范司户指出的那句话连同它的上下文一同抄了出来，看看这个“也”字究竟增得增不得：

> 树林阴翳，鸣声上下，游人去而禽鸟乐也。然而禽鸟知山林之乐，而不知人之乐；人知从太守游而乐，而不知太守之乐其乐也。

第一句是描叙性的内容，写游人离去后林间鸟群欢乐的情形，用“也”字结住很有必要，无须多说。第二句转入议论和抒情，而以语气较重的“然而”领起全句，后面跟着两个形式并列而内容递进的转折复句，其中两个“而不知”的“而”则表示轻微的转折语气。一气连读这一大句，便会使人产生登山一般的感觉，愈转愈高，愈高愈奇，变化莫测，令人神往。如果于“人之乐”后增加一个“也”字，使语势陡然下落，这种意境就会跟着消失了。

金人王若虚在《滹南遗老集·文辨》里评这则记载时说：“若如所说，不惟意断，文亦不健矣。”他认为王安石不会说这样的话，即使说过，也仅是一时戏言。我们从学过的王安石的文章里也能看出这一点，例如“则众何为而不汹汹”（《答司马谏议书》）之后不加“乎”字，“则非某之所敢知”（同上）之后不加“也”或“矣”——因为加上了这类虚词，这些短兵相接的句子的风神便会消失殆尽。从前人说，大手笔最不轻易用虚词，这话一点也不假。但这只是作为我们说《桑榆杂录》那段记载出于伪托的一个旁证罢了。

原载1984年6月11日《语文报》(第106期),
署“江枫”

追加两个“而”字

宋朝宰相韩琦在他家老家的后花园里建造了一座厅堂，取名为“昼锦堂”，后来请欧阳修写了一篇“记”，这就是著名的《相州昼锦堂记》。为了烘托韩琦“德被生民，而功施社稷”的远大抱负，文章从所谓“衣锦荣归”的流俗心理说起，原话是：

仕宦至将相，富贵归故乡，此人情之所荣，而今昔之所同也。

相传欧阳修刚刚送出文稿，突然发觉这句话未能曲尽其意，立即派人将原稿追回，在“仕宦”“富贵”之后各加了一个“而”字，这才满意地将文章送交韩琦。

“而”在文言文里是常见虚词之一，但也常被人们忽视，以为无关紧要，为什么在上面那两句话里非添加不可呢？有人曾用朗读的理论来解释，认为“仕宦至将相”五个字全是仄声，中间加个平声字“而”，可收抑扬顿挫之效。这自然不无道理。但下句“富贵归故乡”中已有两个平声字（“归”和“乡”），又该作何解释呢？可见这个说法不够完全。要完全认识这两个追加的“而”字的作用，还得研究一下作者的意图。

原来“仕宦至将相，富贵归故乡”是一般性的叙述，不带任何感情色彩，无非是说客观上有这样的事情存在。加上“而”字以后，就有了这样的意味：“仕宦”者虽多，而“至将相”者极少；“归故乡”者虽多，而“富贵”者亦罕见。这就强调了“将相”“富贵”之不易得，说明事情的不同寻常处，从而为下句“人情之所荣”作了有力的铺垫。试想，如果不用“而”字，要表达出上面说的那个意思，该费去多少文字！

“而”字的这种用法在语文课本里也经常可见，例如“嗟夫！大阉之乱，缙绅而能不易其志者，四海之大，有几人欤”（《五人墓碑记》）一句中的“而”字，不仅加重了全句的感叹语气，而且分明包含着对缙绅变节行为的鄙弃。全句有了这样一个境界，再接着表彰五位义士“激昂大义，蹈死不顾”的气概，才能显得丘壑远大。如果去掉句中的

“而”字，就只剩下感叹的意思了。

虚词在表情达意上的作用，一定要反复吟诵、仔细咀嚼才能体会得出。

原载1984年5月28日《语文报》(第104期)，
署“江枫”

“若夫”解

“若夫”一词，在中学语文教材里见于《岳阳楼记》和《醉翁亭记》。有些人把它译为“像那”，很值得商榷。

“若夫霪雨霏霏”，承上文的“览物之情”说到岳阳楼的雨中景象；“若夫日出而林霏开”，承上文的“山水之乐”说到醉翁亭四周的山光水色。这两个“若夫”都是显示行文层次的助词，表示由此开始另起一层新意。古人写文章不分段，为了诵读的方便，在两层意思之间加一个“若夫”，不仅可以使读者感到内容转换自然，而且可以舒缓一下语气，使节奏感变得鲜明起来。

清人刘淇认为，“若夫”有两种用法：一是“发端之辞”，即领起一句话或一段话；二是“相及而殊上之辞”（见《助字辨略》）。前一种用法容易理解，且不用说；值得重视的是后一种。所谓“相及而殊上”，就是内容直承上文但又跟它有所区别，和我们常说的“承前启后”颇为相近，即在文章的全篇布局中起过渡或转换语气的作用；不过这种过渡，跟现代文章中常见的用某些词语、句子甚至一小段话来衔接上下文的方式大不相同，它是高度虚化了的，只有经过反复吟诵，才能体味得出。

原载处不详

从“夫天地者”说起

老舍先生曾经在一篇文章里以略带自嘲的口吻说过，他年轻时候写文章，好用“夫天地者”之类的话开头，以为如此才能有点文章架势。

今天看起来，这似乎有点奇怪，但在从前却是很普通的事情。科举时代的文章，一上来就要讲“破题”，也就是一两句话点破题意，这自然是很“精辟”的议论，再加上一个“夫”字，更显得神气十足了。老舍先生出生时，科举刚刚废除，过了十多年，写文章仍然受这种八股程式的束缚，可见它害人之深。不仅如此，千篇一律地用“夫”字开头，也有损“夫”字的声誉，令人惋惜。

其实，“夫”在文言文里是一个很有用的虚词，前人把它归入“发端之首唱”一类，也不只用于文章开头，还可以用它来领起一段或一层。大家知道，文言文书写不分段，又好用夹叙夹议的写法，议中有叙、叙中有议的情形屡见不鲜。既然如此，怎样才能使读者明显地看出行文由叙述转入议论或是在原来议论的基础上推进了一层呢？这就要靠“夫”一类的字眼来帮忙了。明显的例子是《曹刿论战》的末段，它形式上是叙述（鲁庄公和曹刿对话），实质上却是议论（分析鲁国以小胜大的原因），因此曹刿的话开头便是一个“夫”字（“夫战，勇气也”）。可以设想，没有这个“夫”字，上下文的过渡就不会显得如此自然。

下面再举《烛之武退秦师》中的一段话为例：

> 且君尝为晋君赐矣，许君焦、瑕，朝济而夕设版焉，君之所知也。夫晋，何厌之有？既东封郑，又欲肆其西封。若不阙秦，将焉取之？阙秦以利晋，唯君图之。

这是烛之武“说辞”的一部分。烛之武到秦穆公那里去游说，目的在于破坏秦晋联盟以保全郑国，这就要求他抓住秦晋的利害冲突逐层加以分析。这段话的第一层（即第一大句）是叙事，叙述秦有德于晋而晋背弃诺言的事实；以下都是议论，分析晋的扩张野心，是“说辞”内容的重点，最能打动秦穆公的心，使其自动撤军。在这两层不便直接衔接的意思中间加进一个“夫”字，不仅避免了行文累赘，而且生动地表现了说话人的情态，是非常耐人寻味的。

在文言虚词里，起“发端之首唱”作用的，还有“惟”“盖”“故”等，限于篇幅，这里就不说了。

原载《语文报》，期次不详，署“江枫”

“多乎哉？不多也”

——谈文言文中复杂语气的表示

读过《孔乙己》的人，大概都记得“多乎哉？不多也”这句话，也懂得这种修辞方法叫设问，却很少注意话中为什么连用“乎”“哉”两个语气词。

这句话出自《论语·子贡》，是孔子听说一位太宰称赞他“多能”以后说的。原话是：

> 太宰知我乎！吾少也贱，故多能鄙事。君子多乎哉？不多也。

这是说，他的“多能”是由于年轻时家境贫寒造成的，而君子则无须“多能”。所以这话形式上虽是设问，却含有很深的感慨。这句话被鲁迅先生巧妙地移到孔乙己嘴里，是非常耐人寻味的。你看，孔乙己说这话之前，先“直起身又看一看豆”，再继之以“摇头”，不是也颇有感触的么？清人刘淇说“乎哉”是“反设之辞，兼疑、叹二义”，这话很正确。

文言文里，一句话的最后连用两个甚至三个语气词来表示复杂的语气，是屡见不鲜的。例如《子路、曾皙、冉有、公西华侍坐》一课，孔子把“亦各言其志”的意思对曾皙说了两次，但第一次只用了一个语气词“也”，第二次却连用三个：“也”“已”“矣”。杨伯峻把这两句话译得很巧妙。第一句的译文是：“正是要各人说出自己的志向呵！”第二句的译文是：“也不过是各人说说自己的志向罢了。”妙就妙在根据语气词的运用译出了孔子说话时的情态：第一次是强调自己的意向，鼓励对方大胆地说，不要有顾忌；第二次则是向对方表示自己对子路等三人“言志”的总的评价，这个评价是很有分寸的。可见，复杂的语气是复杂的思想感情的具体表现。懂得这一点，就可以进一步深入到文章的思想境界中去了。

原载1984年1月9日《语文报》(第84期)，

署“江枫”

“穿井”能“得人”吗？

——浅谈虚词的省略

文言文里经常省略一些从现代语的观点看来是不可省略的字眼，不注意这一点，往往不能确切地理解一句话的意思。《吕氏春秋·察传》里有一段故事生动地说明了这个道理，现摘抄如下：

> 宋之丁氏家无井，而出溉汲，常一人居外。及其家穿井，告人曰：“吾穿井得一人。”有闻而传之者曰：“丁氏穿井得一人。”国人道之，闻之于宋君。宋君令人问之于丁氏，丁氏对曰：“得一人之使，非得一人于井中也。”

为什么一句明白无误的话会引起一场荒唐的传闻呢？众所周知，人们说话时常因特定的语言环境而省略某些字眼，例如丁氏“穿井得一人”这句话，就是在他家里打了井，不用再派一个人专门在外面打水这一特定的背景下说的，意思就是“得一人之使”，可是听话人不管这个背景，孤立地理解这句话，于是就变成了“得一人于井中”这个耸人听闻的意思。诸如此类的省略，在文言文里比比皆是，只要留心看上下文，是不难看出来的。

文言虚词被省略的情形跟上面说的稍有不同，但基本道理一样，也要看语言环境：从语言环境能看出的字眼才可省，否则不可省。例如下面的话：

①天下苦秦久矣。(《陈涉世家》)

②待圣人之出而投缳道路。(《五人墓碑记》)

③（项伯）欲呼张良与俱去。(《鸿门宴》)

④衣食所安，弗敢专也，必以分人。(《曹刿论战》)

例①“苦”后、例②“缳”后都省略了介词“于”，例③“与”后、例④“以”后都省略了代词“之”。这样的省略，看起来似乎造成了句子的残缺不全，但从全句的意思来看，那被省略的字眼却是“呼之欲出”的。关键在于要反复吟诵。反复吟诵之余，你不但不会觉得句中短缺什么，反而更能体会到行文的简洁。有些同学碰到这种情形好作语法分析，其实语法方面的道理懂得一点就行了，不必求之过深。如果不好好读几遍，把全句（有时要连同它的上下文）的意思弄清楚，而一味地搞语法分析，那就很可能越搞越糊涂了。

原载1984年4月2日《语文报》（第96期），
署“江枫”

虚词疑难辨析（一）

——兼答覃继仁同学

广西荔浦县修仁中学覃继仁同学在给《语文报》编辑部的信中，提出一个疑难问题："既其出，则或咎其欲出者"(《游褒禅山记》) 中前一个"其"字究竟是助词还是代词?

这个问题值得探讨。在常见文言虚词中，多数都有两种或两种以上的用法，有的从它在句中的位置就可以看出来，例如"乎"，在句末为助词，在句中为介词；有的则需要兼顾语意、语法等多种因素，才能作出准确的判断。必须认真对待的是后一种情形，如果采用简单的方式（例如先将全句译成现代汉语，再来"对号"），就很可能疑惑不解甚至作出错误的判断。拿"既其出"来说，无论译成

“大家出来以后”或“出来以后”，都能跟下文联上，并无错误。这样，照前一种译法，“其”自然是个代词；可是照后一种译法，“其”既可省译，则又仿佛成为助词了。覃继仁同学之所以感到这个“其”字的词性难以捉摸，原因大概就在这里。

要解决这个疑难，首先要学会分析语意。从语意上看，有没有这个“其”字是有细微差别的：有这个“其”字，则有强调“同行五人俱出”的意思，带有主观感受的色彩；没有这个“其”字，则如同《桃花源记》中的“既出，得其船”一样，完全是客观叙述的口吻。这种差别告诉我们，“其”应是代词，因为“五人俱出”而“咎其欲出者”，则“众人后悔”之意已寓其中，这样，下文再接着说“而余亦悔其随之……”，才显得有依据了。

其次也要作点语法分析。从语法的角度看，“其+动词”这种结构样式相当于“所代事物+之+动词”，例如上面提到的“其出”就相当于“众人之出”，是个主谓结构。这种结构可以作句子成分用，也可以作副句（即在复句中不承担表达全句主要意思的分句）用。我们无妨用《左传·僖公二十四年》中如下的一段话来作比较：

初，晋侯（晋文公）之竖（小吏）头须，守藏

（保管财物）者也。其出也，窃藏以逃。

这后一句话的意思是：（晋文公从翟国）出亡的时候，头须偷了财物逃跑了。这句话中的“其出”和《游褒禅山记》中的“既其出”一样，都是复句中表示事情发生的时间副句，“其”处于主谓结构中主语的位置，应是代词无疑。

最后要说明一下，虚词用法复杂，两说并通的情形也经常出现，不可拘于一家之言。但基于上述理由，“既其出”的“其”字恐怕不属于这种情形。

原载1985年6月17日《语文报》（第159期），
署“张名”

虚词疑难辨析（二）

由于对某个虚词的具体用法有不同理解，同一句话很可能出现两种不同的解释。请看苏洵《六国论》中如下的话：

> 呜呼！以赂秦之地，封天下之谋臣，以事秦之心，礼天下之奇才，并力西向，则吾恐秦人食之不得下咽也。

这最后一句该怎么解释呢？一种意见认为，句中的“之”是代词，指代六国，“食”引申为“吞食”“吞灭”，全句是针对秦国的军事野心说的，意思是它想吞灭六国的野心无法实现。另一种意见则认为，“之”是助词，没有实际意义。“食”就是吃饭，全句是针对假想的局势变化说的，意思是秦人害怕得连饭也吃不下去。如果把这句话孤立起来看，这两种解释似乎都有道理，不必去分辨谁是谁非。

其实不然，只要弄清全文的主旨，它们之间的是非也是容易分清的。苏洵是北宋的军事理论家，对战略问题很有研究。《六国论》在体裁上虽然属于史论，但其核心内容则是战略问题，实际上是借六国的失策来规劝当时的北宋政府放弃赂地求和的对外政策，实行“不赂而胜”的远大战略。因此在论及六国的对策时，他立足于一个“胜”字，从前面所引的那段话可以看出，主要办法有两条：一条是“以赂秦之地，封天下之谋臣”，一条是“以事秦之心，礼天下之奇才”。而目标则是“并力西向”。假定出现这样的形势，那么，对秦人来说，问题恐怕就不再是它怎样去“吞食”六国，而是怎样自保了。由此可见，后一种解释是对的，它符合作者的意图。

要辨析虚词的疑难，就必须准确地把握词性，而虚词的词性不仅要由它在句中的位置来确定，也要由全句的内容来确定；如果只求语句通顺而忽视内容的合理性，则往往会造成错误而不自觉。

原载1985年7月1日《语文报》（第161期），
署“张名”

断句指津

不要把句子读破

我们游览名胜古迹常常可以看到从前的石刻碑文，然而许多人都读不懂，至少是大部分内容不懂。究其因，除了有些字难认难解而外，恐怕主要是读破了句。为什么会读破句呢？有人说，那上面没有标点。这话当然不错，但只说出了原因的一半，还有另外的一半没有说出来，因为即使有了标点，如不注意正确划分句中的层次，仍难免将句子读破。

任何一个句子——即便是短到三四个字的句子，我们读它的时候不管自觉与否，都是有层次的；如果借助精密的仪器来测算就会发现，在每两个层次之间都有百分之几秒或更多一点时间的停顿，这样的停顿就意味着层次的划分，而层次的划分又制约着句子的意思。例如“武松打死老虎”这句话，按两字一顿的方式来读是一个意思，按

“武松／打／死老虎”的方式来读却是另一个意思。我们都熟知这个故事，自然是采用前一种读法；可是，如果有一位糊涂人用了后一种读法，那就把英雄的武松说成一个滑稽可笑的人了，这就叫作把句读破。读破了句就会歪曲原来的句意，或者使本来可解的意思变得不可解了。这种情况在读古书中更为常见。

《韩非子·外储说左下》有这样一个故事。春秋末期鲁的国君哀公看到古书上“夔有一足”这么一句话，就问孔子：“夔只有一只脚，是真的吗？”孔子答复他说：“夔也是人，怎么会只有一只脚呢？”原来夔是帝尧的音乐大臣，帝尧很器重他，认为这样的大臣有一个就够了。可见那句话应当读成“夔有一／足”，而鲁哀公不加停顿将四字连读下来，这也是将句读破。这可错得厉害，把好端端的一个人看成了怪物！

我们现在读的是浅近文言作品，又全都加了标点，读起来自然容易得多，但如果不注意句中的层次，仍免不了要出现麻烦。例如有位教师竟然将“虞山王毅叔远甫刻”（《核舟记》）这句话解释成“（这是）虞山人王毅叔远刚刚雕刻的”。“甫”，这里指雕刻家王毅的字，这句话应当这样划分停顿：“虞山／王毅／叔远甫／刻”。而这位教师以“甫”属下读，所以闹了笑话。又如有位同学读“虽护前者不能讳也”（《弈喻》）这句话，总觉得不可理解，这是因为他将“虽/护前者”读成了“虽护/前者”。这样的情况都不是个别的。

我们初学文言文，不能光靠听讲，听讲时的“懂”是很不牢固的，过几天很可能忘记大半；必须将课文多朗读几遍，读的时候又能认真辨析句中的层次，不读破句，这样才能懂得彻底。

原载处不详，署“师平”

夔只有一只脚吗

夔（kuí）是帝尧时代的人，因为有很高的音乐修养，被帝尧任命为“乐正”，相当于现在音乐界的最高职位。帝尧对他很满意，说过“夔一而足”的话，后来便流传下来一个奇闻，说夔跟一般人不一样，只有一只脚。

《韩非子·外储说左下》记载了一件有趣的事：

> 哀公问于孔子曰：“吾闻夔一足，信乎？”曰：“夔，人也，何故一足？彼其无他异而独通于声，尧曰：‘夔一而足矣。’使为乐正。故君子曰：‘夔有一足，非一足也。’”

这件事跟文言文句读有关。“夔有一足”这句话，可以有两种读法：一种是四字连读，作一句；另一种是读成“夔有一/足”，作两句读。孔子是把它分两句读的，所以，他对句意作了正确的解释，译成现代语就是“像夔这样的人，有一个就够了”。鲁哀公将四字连读，于是把夔看成了只有一只脚的怪物。由于古代文章没有标点，什么地方该读断、什么地方不该读断，都要经过反复推敲；断错了地方，就会闹出像“夔只有一只脚”这样的笑话来。

我们现在读的文言文，大多是加了标点的。即便如此，在一句之中哪些地方应作短暂的停顿也要加以注意。例如下面这句话：“灵公好妇人而男子饰者，国人尽服之。”这句话出自《晏子春秋》，说的是齐灵公的事：齐灵公喜欢让宫廷里的妇女穿上男子服装，于是齐国的妇女们都跟着效法起来。本来是很容易理解的，可是有的同学把第一句读断了，成了“灵公好妇人，而男子饰者”，结果竟译成：“齐灵公喜欢妇女，男人们也把自己打扮成女子。”这就恰恰跟原来的意思相反了。

在文言文里，像上面说的一字一断，或一连数字（“妇人而男子饰者”）不可断的情形，都是经常能遇到的。遇到这类情形，一定要谨慎地加以研究、比较，务求读得正确，理解得准确。

原载1984年12月31日《语文报》(第135期)，
署“金昆”

人名不能读破

我们中国人的姓名大多有义可解，又不像外国姓名那样可用大写字母标明，如不仔细加以辨认，就很容易从中读破，再把它们跟上下的字眼放在一起作解释，由此便会闹出笑话来。

南宋陆游《老学庵笔记》里有个故事：当时有个人叫但中庸，在岭南当监司（相当于现在的执法官）。由于岭南郡守犯法，朝廷下了一道旨令："令但中庸根勘"。一位官员看了，大发感慨，说这位郡守一定得到了朝廷里重要人物的庇护。别人问他有什么根据，他说："如果没有人庇护他，这事非严办不可，可现在只允许'中庸根勘'（意思是不必从严处理）。"惹得听的人哈哈大笑。

这件事自然带有很大的偶然性，但由于文言文里提到人名颇有一些讲究，不小心也会造成类似的错误。一种是同时称名称字的习惯，例如《登泰山记》中“与知府朱孝纯子颍由南麓登”这句话，应在“颍”字后有一个短暂的停顿；如果把这个停顿放在“子”的后面，就会使人误认为跟作者一同登山的不是知府朱孝纯，而是他的儿子“朱颍”了——其实作者并没有告诉我们朱孝纯有这样一个儿子。还有一种在字后加“甫”的习惯，例如《核舟记》中“虞山王毅叔远甫刻”这一句，“叔远”是王毅的字，其后就加了个“甫”字，“甫”也是表字的意思。前两年有人在刊物上发表文章，把“甫”解作“刚刚”，就是因为他不懂得这个习惯，把本来八字一气连读的这句话读成了“虞山王毅叔远 / 甫刻”的缘故。

此外的讲究还很多，但跟读的关系不算密切，这里就不一一细说了。

原载《语文报》，期次不详，署“金昆”

句读和朗读

朗读文言文的第一步是句读要正确。句，指的是一句完整的话；读，指的是半句话。句读正确，读起来才有“顿挫”。

辨明句读，是从前童蒙教育的主要内容之一。南宋人王应麟编写的《三字经》里说：“凡训蒙，须讲究，详训诂，明句读。”但考究起来，这种“明句读”的做法可以远溯到周代，《礼记 · 学记》有这样的记载：“比年入学，中年考校，一年视离经辨志。”“离经”，就是给经书分章析句，如同现在说的分层次、加标点。到了汉代，就有人专门来做这件事，叫作“章句之学”。历代的注家都在这上面花了不少气力，古代版本正文中间的夹注常常是放在应当断句的地方。

分章析句成为一门学问不是偶然的。汉字是单音节的象形文字，构词法和词义系统比较复杂，句法又灵活多变，再加上某些技术上的原因（如版本中有衍文或脱落的字等等），在不分段、不加标点的情况下，句子的界限往往很不容易确定。因此，把句子断错的事情经常发生。春秋末期有个著名的故事：鲁哀公看到古书上有“夔有一足”这么一句话，就问孔子：“夔只有一只脚，这是真的吗？”孔子于是告诉他，夔也是人，怎么会只有一只脚呢？原来，夔是帝尧的音乐大臣，帝尧非常器重他，认为这样的大臣有一个就够了。可见，“夔有一足”是两句话，应当读成“夔有一/足”，而鲁哀公却把这四个字连读成一句，他的错就出在句读上。这个错可不小，把一个正常的人变成了怪物！

句读中经常出现的错误可分为两类：

第一类是应当读断而连读或者与此相反。前者表现为把两句合成一句，如鲁哀公读“夔有一足”；后者表现为把一句话分成两句，如《汉书·贾谊传》：“国已屈矣，盗贼直（只）须时耳，然而献计者曰：‘毋动。’为大耳。”这原是贾谊献策中的一句话，主要是批评当时制定政策的人，其中的“毋动为大耳”是一句话，意思是把“无为而治”当作根本政策，反对采取任何措施；把它截为两句，不仅行文不畅，而且不合贾谊的原意。

第二类是以应属上读的字眼属下读或者相反。例如《史记·屈原列传》:“其志洁，故其称物芳；其行廉，故死而不容自疏。濯淖污泥之中，蝉蜕于浊秽，以浮游尘埃之外，不获世之滋垢，皭然泥而不滓者也。”这段话以“自疏”属上句，意思是屈原至死也不容许他自陈，是讲得通的；但这样一来，下面的“濯淖污泥之中”却不能成句，“濯（浊）淖”和“污泥”同义，即使以“濯淖”活用如动词，下文也不可解。要使上下文贯通一气，应以“自疏”属下句，即：“……故死而不容，自疏濯淖污泥之中……”意思是屈原至死不见容于楚国君臣，于是自动远远离开那污浊的政治环境。“疏”释为“疏远”，其后省略了介词“于”。这样来断句，文意才显得通畅。

从这些句子看来，句读作为文意的一种表达形式，其作用在于显示作者思维的层次。句读正确，思维层次就清楚，读起来才能感到理丝有绪，顺理成章；句读不正确，就会使思维层次产生混乱，读起来不是发生误解，就是感到义不可通。懂得这个道理，才能懂得为什么古人格外重视句读，并把它作为文言文的起步训练。

今天所看到的文言文读物几乎全是带标点的，用不着自己下功夫了，但懂得一点句读的常识仍然大有好处。现在的年轻人诵读文言文的通病是读得太急，句、读不分。

这种办法很不好，即便能达到成诵，也大半属于机械记忆，过一段时间不读就可能所剩无几。古人说：“读书百遍，其义自见。”其实是有条件的，这条件就是边读边想。如果在诵读中注意句、读的划分，并由此逐渐摸清作者思维的层次，书中之“义”就有了“自见”的可能。

此外，还有一种情况看起来跟句读无关，但实质上却基本相同，这就是初学者往往读不好长句。凡长句，从理论上讲都必须一气连读，但事实上往往不太可能，读起来总会在某些地方停顿一下，这就等于给长句划出了更小的层次，尽管这种划分大多是不觉的。而初学者则往往把这样的层次划错，在不该停顿的地方作了停顿。例如：

①昔先皇颁僧保（指郑和）‖所货西洋珠于侍臣。（崔铣《记王忠肃公翱事》）

②灵公好妇人‖而男子饰者。（《晏子春秋》）

③不至白露‖为霜而能事不已。（李渔《芙蕖》）

④未尝有坚明‖约束者也。（《史记·廉颇蔺相如列传》）

前两例中，“颁僧保所货西洋珠”和“好妇人而男子饰者”都应当连读，例①在“僧保”处读断，全句的意思则不可解；例②在“妇人”处读断，就会把句意解错，说成灵公喜欢妇女，于是男子都把自己打扮成女人，而这句话原来的意思却是灵公喜欢让妇女打扮成男人。后两例中，“为霜”应属上读，“白露为霜”是从《诗经·蒹葭》中借用过来的，指深秋季节，以“为霜”属下读，则义不可解；“坚明”应属下读，“坚明约束”是坚守信约的意思，把“坚明”和“约束”分开，就容易把二者看成并列关系，结果也是义不可解。朗读文言文，遇到诸如此类的句子，都应当仔细加以分析，把句中停顿处理得正确，这才有助于确切领会文意。

原载《博览群书》1985年第4期，署“张名”

句中停顿

前面说过的句读错误，归纳起来，有两大类：一类是把两句合成一句，或把一句分成两句；另一类是把属上句末尾的字移至下句，或把属下句开头的字移往上句。这说明文言文句子的构造很灵活，如果不仔细分析哪些字应连读、哪个地方应读断，就很容易读错。

懂得这个道理，对我们朗读文言文很有用处。现在的中学生文言文读物绝大多数都是加了标点的，但也有一个怎样处理句中停顿的问题；句中停顿处理得不好，也同样会影响理解。有些同学由于执着于一种错误的读法，往往不是把句意解错，就是觉得句意不可解，例如：

①望晚日照城郭。(《登泰山记》)

有个同学把这句话译成“望着傍晚的太阳，正照在城上”，意思大体是对的，但严格说来，原文并没有“望着”的意思，“望晚”就是“向晚”，意思是“临近黄昏”，所以这句话应读成“望晚 / 日照城郭”。

②故临崩寄臣 / 以大事也。(《出师表》)

有个同学虽然看了注解，但由于读错，竟把这句话译成这样：“所以临死的时候把您托付给我，认为这是一件大事。”实际上，这句话中的“寄臣以大事”须一气连读，才能正确地理解。

③盘庚不为怨者 / 故改其度。(《答司马谏议书》)

这句话本来应该在“故”后作一小顿，有位同学把停顿放在“者”后，于是把句意完全理解错了，认为是盘庚不替那些抱怨的人着想，所以就改变了迁都的决定。这跟原来的意思大相悖谬。

④非起 / 也敢专承之。(《叔向贺贫》)

这句话中的“也”字本来就是表示句中停顿的，全句的意思是：并非我独自一人得到（您的）好处。如以“也”属下读，句意便不可解。

句中的停顿其实也是作者思维层次——也许可以算作最小的层次的表现，能分清这样的层次，作者的原意便洞若观火了。以上四例，句子都比较短，碰到较长的句子更应注意这一点。

原载1985年3月18日《语文报》(第146期)，署“金昆”

断句必先弄清文意

从前人写文章，不加标点，也不分段书写，阅读起来很不方便，容易错解原意。因此，从汉代起就有人来做“分章析句”的工作，叫“章句之学”。“分章”，就是划分段落层次；“析句”，就是断开句子。这件事看起来很简单，其实不然，没有渊博的知识和严谨的态度，就很难做好。

我们给浅易文言文断句，只要求能显示文理，这就容易得多，但也要小心谨慎，反复推敲，否则仍难免出错。请看下面这句话的三种不同断法：

①有为者譬，若掘井，掘井九仞而不，及泉犹为弃井也。

②有为者譬若掘井，掘井九仞，而不及泉犹为弃井也。

③有为者，譬若掘井，掘井九仞而不及泉，犹为弃井也。

这三个答案如果加以对照分析，就会懂得：要断好句，必须先弄清文意。如不先探明说话人的意图就随意点起来，很可能把原话点得面目全非。上面那句话的大意是：一个有作为的人，（不论做什么事）都像挖井那样（，能坚持挖下去）；如果挖了九仞深还没有挖到有泉水的深处（就停下来），等于挖了一口废井。这是用挖井作比方，从正反两面来论述人的毅力，而其中有些意思并没有见诸文字，只能从上下文的关系中推出来。第一个答案只看出句中有一个比方，其余全然不懂，所以错得很厉害。第二个答案对话里的行文方式有点感性认识，但对全句意思却若明若暗，不懂其中有对比论述的意思。只有第三个答案是正确的。可见，弄清文意是断句的必要前提。

怎样才能弄清或大致弄清文意呢？有两个必要的步骤：先看局部，后看全局。例如：

赵括 自少时 学兵法 言兵事 以天下 莫能当尝与其父奢 言兵事奢不能难然不谓善 括母问奢 其故 奢曰 兵 死地 也而括易言之使赵不将括即已若必将之

破赵军者必括也

所谓看局部，就是把重要的实词和自己能辨明的词组画出来，如上面的横线所示。这一步完成得好，可以避免出现一些不应有的错误，例如画出了“学兵法”这个词组，就不至出现“兵法言”这样的错误了。所谓看全局，就是把大的局部之间的关系弄清之后，再归纳一下整体的意思。如上例，从“不能难”“不谓善”可以看出，这表示了赵奢对儿子赵括的态度，再看上文，就可以大致断定，这一层主要是说：赵括善于谈兵，但他父亲却认为他不行；再看下一层，从“不将括”和“必将之”也可以看出，这是从正反两面来说明问题，意思是不能让赵括来统率军队。懂得这两点意思后，其余的问题也就会迎刃而解了。

这个从局部到全局的过程往往不是一次完成的；遇到难一点的文章，可能要经过两次或更多次，才能达到对文意的确切理解。如果只是一个局部一个局部地看，而不注意它们之间的联系，就可能形成“意念的僵化”，使某些本来可以得到纠正的错误得不到纠正。例如“使赵不将括即已”一句，如不把它跟下句“若必将之……”联在一起看，就很容易把“使”错当成动词，结果怎么也解不清文意；其实这个“使”跟下文的“若”都是表假定，看了下文，则上文自明。

先弄清文意是同学们在断句练习中应注意的一个基本要求，除了要懂得从局部到全局这一过程之外，还要平日注意积累文言文的常用词汇、语汇和句式。例如通假字就要懂得一些，否则照着借字的表面意思去解，就会解错。又如实词的活用也要弄清楚，尤其是名词活用如动词，意义的变化比较大，也不能照字面解释。再如，“譬若”是文言文中打比方时的用语，“不”用在句末，同“否”，表示疑问。而前面的第一个答案却把“譬”“若”拆开了，又在不是表示疑问的“不”字后面加了逗号，都是不懂基本常识的表现。仅此一点也可以说明“积学”的重要。

原载《中学生阅读》1984年第3期

谈谈利用虚词断句

从理论上讲，给文言文断句，十分需要古汉语句法知识的帮助。只是在中学语文课本里这方面的知识讲得不多，同学们也懂得不深，实际很难用上，而利用虚词倒不失为一种切实可行的替代方法。

文言虚词的数量尽管不算少，用法也比较复杂，但如果先作一个粗略的划分，还是不难掌握的。刘勰《文心雕龙·章句》里说：“至于夫惟盖故者，发端之首唱；之而于以者，乃劄句之旧体；乎哉也矣，亦送末之常科。”这是按虚词在句子整体中的位置和作用来划分的。如果从适应断句的需要出发，还可以归并一下，只分两类：一类是附着于句子首尾的，即刘勰说的“发端之首唱”和“送末之常科”这两种，具有领起或收束句子的作用；另一类是处在句中的，即“劄句之旧体”这一种，具有联结、修饰各种句子成分的作用。前一类提示该断句的地方；后一类提示不该断句的地方。懂得这种划分的原理，就可以用以下几种方式来断句：

（1）利用句首或句末的虚词；（2）利用带虚词的短语；（3）利用固定句式。

请看下面两段文字：

①羲之之书晚乃善则其所能盖亦以精力自致者非天成也然后世未有能及者岂其学不如彼邪则学固可以少哉况欲深造道德者邪（节自曾巩《元丰类稿》）

②且人之有材能者其形何以异于人哉惟其遇事而事治画策而利害得治国而国安利此其所以异于人者也故上之人苟不能精察之审用之则虽抱皋夔稷契之智且不能自异于众况其下者乎（节自王安石《材论》）

这两段话完全可以用上述三种方式来断句，但我们先不忙断出，而来说说利用虚词断句所应注意的问题。

（一）利用句首或句末的虚词断句，在多数情况下是比较简单的，如“夫”“惟”“盖”等发语词，其前应断；

“也”“矣”“焉”“哉”“邪”等语末助词，其后应断。但有时也会碰到复杂一点的情况，如“故”（也包括“是故”“是以”）、“则”“而”也常常置于较长分句之首，要跟上文断开；又如“者”在句中表示提示时，也常跟下文断开。

（二）利用带虚词的短语断句，要注意短语的一个显著特点，就是：加上一定的语调就可以成为句子。古人写文章很重视可读性，虚词跟朗读的关系又十分密切，因此许多带虚词的短句之后往往可断。例如在主语是短语或需要提示的情况下，主谓之间就可以断开。

“之”“而”“于”“以”这几个字，在带虚词的短语中出现的频率很高，很值得注意。现分述如下：

（1）带“之”字的短语通常有三种情形：①作为代词跟它前面的动词构成动宾结构，其后往往要断开，如“将不胜其忿而蚁附之”，“附之”后要断开。②作助词“的”解并跟它前后的词构成偏正结构，如处在句中主语位置上，大多可断，如上面例文中的“羲之之书”即可与“晚乃善”断开；如处在宾语位置上，则一定要跟下文断开，如“吾闻庖丁之言｜得养生焉”。③作助词置于主谓之间构成主谓结构，无论此结构在句中何种位置，其后均应断开，如“世之有饥穰｜天之行也”“乃近年共称柳敬亭之说书｜”。

（2）带“而”字的短语，不论此“而”字表示何种关系（并列、承接、修饰、转折），都可把它当成一句话，如“号呼而转徙｜饥渴而顿踣”“吾恂恂而起｜”。附带说一下，即使“而”所联结的是两个完全句，只要字数不多，也可照此办理，如“举世混浊而我独清｜众人皆醉而我独醒｜”“国险而民附｜”。

（3）带“于”字的介宾短语常用来表示动作的对象或处所，又常置句末，其后可断，如“每借假于藏书之家｜”“平原君使者冠盖相属于魏｜”。

（4）带“以”字的介宾短语大多置于动词前，其后不可断，如“不敢以其富贵骄士｜”，但在特殊情况（短语较长、语气较舒缓）下，也可以在此短语后断开，如“吾以十倍之地｜请广于君”。

利用带虚词的短语断句，关键是要把那些意义上结合得比较紧密的词看作一个相对独立的整体，而不要纠缠在某些语法概念上面，例如去确定某个短语究竟属于何种短语等等。

（三）利用固定句式断句，要特别注意那些前后呼应的虚词，如前面两段例文里就包括了这样一些相呼应的虚词：“岂……邪”“则……哉”“况……邪（乎）”“何以……哉”“苟……，则……”等。这就要求我们平时注意学习这些句式，不仅要熟悉它们的基本形态，也要熟悉它们的变化形态。

这三种断句方式，我们如果能够掌握，前面的例文就不难断开了。现在请你试试看。

原载《中学生阅读》1984年第4期，署“江枫”

句例和断句

文言文中有时一个字就是一句话，必须与上下文断开来读，才能确切解释它的意思，如前面说过的“夔有一足”，应读成“夔有一/足”；有时十几个字为一句，则不能读断，读断就会使意思发生变化，甚至不合原意，如高中语文课本第一册《廉颇蔺相如列传》中，“欲与王为好会于西河外渑池”，就应作一句连读，不应从“好”“会”之间断开。

但这仅仅是推理。从前人辨析句读正误，除了据文意来推断而外，还有一条重要的方法，就是援引句例。这种方法，跟医生按病例治病、法官据案例断案一样，就是从典籍中找出其句读已经得到公认的句子，来跟所断的句子作比较，看看是否有相同点或相似点。现在我再用这种方法来辨析下面的话。《史记·范雎蔡泽列传》:

> 秦昭王闻魏齐在平原君所，欲为范雎必报其仇，乃详（佯）为好书遗平原君曰……

这段话也是揭露秦国的欺诈政策的，“为好书”跟“为好会”的实质完全一样，都是为了欺骗对方。“好书”不能从中切开，“好会”自然也不能。

运用句例，可以帮助我们发现文言文断句中的某些问题。例如“荆之地，方五千里，宋之地，方五百里”（《公输》），这种断句方式究竟对不对呢？只要拿“今齐地方千里，百二十城”（《邹忌讽齐王纳谏》）来比较一下就知道了。“× 地方 × ×”，是文言文中的一种特殊句型，“× 地”是主语，“方 × ×”是谓语。这种句型不同于判断句，主谓之间不能加逗号，可见《公输》中那个句子的断法是错的。

原载1985年3月11日《语文报》（第145期），署“姜峰”

断句也要有方法

断句的前提是对文意要有正确的理解，但也有一个方法问题。懂得断句的方法，反过来可以使我们对文意获得正确的理解，下面就来介绍断句时经常使用的方法。

一、利用虚词

虚词按其在句中的位置可分三类：(1) 在句首，如“夫”“唯”“盖”“故”等，即前人说的“发端之首唱”，具有导引全句的作用。此外，具有总括或指示上文性质的“此”“是”“是以”等也常在句首。(2) 在句中，如“之”“而”“于”“以”等，即前人说的“札句之旧体”，有联结句子成分的作用。(3) 在句尾，如语气词“矣”“焉”“哉”“邪”等，即前人说的“送末之常科”，有结束全句的意思。此外，“之”“甚”等词有时也放在句末。

这自然是个粗略的分法，但对断句很有用处。大体上说，第一类断句在前，第三类断句在后，第二类则指明哪些地方不该断句。例外的情形也不少，需要根据文意来断。但对初学者，则不失为一种简便可行的办法。试看下例，其中加点的虚词即可用于断句。

> 今小为非|则知而非之|大为非攻国|则不知非|从而誉之|谓之义|此可谓知义与不义之辩乎|是以知天下之君子也|辩义与不义之乱也

这段话有八处须断开，利用虚词可以断开七处："则""此""是以"之前应断；"之""乎""也"以后应断。剩下一处，即"知非"与"从而"之间，可根据文意断开。

利用虚词断句，应注意某些特殊的情况，这里只讲几条主要的：（1）各类虚词有时不在上述的位置上，那是因其用法变了，例如"叫嚣乎东西"中的"乎"这里作介词用，在句中；"以俟夫观人风者得焉"中的"夫"作助词用，也在句中。（2）在较长的复句中，有时第二类虚词中的"则""而"之前可以断开。（3）有些虚词如"夫""故""之"等也经常以实词的形式出现，一定要首先辨清它们确实是虚词，才能用为断句的依据。

二、利用带虚词的词组

文言文的句子一般都不怎么长，省略某些句子成分的现象比较普遍，又有把主语部分和谓语部分分开读的习惯，因此，一个词组很可能就是半句话或一个不完全句，需要断开。下面就经常遇到的三种带虚词的词组谈谈断句时应当注意的问题。

1.带“之”字的词组，通常有三种情形：

（1）“之”作代词，一般都用作宾语，跟它前面的动词构成动宾词组，其后往往要断开。如“以羊易之”中的“易之”是动宾词组，“之”后要断开。

（2）“之”作助词，用在主语和谓语之间，使主谓词组变成偏正词组，其后往往要断开。如“故王之不王，不为也，非不能也”中，“王之不王”是主谓词组变成偏正词组，“不王”之后要断开。

（3）“之”作助词，用在修饰和被修饰之间，组成偏正词组，无论是充当主语或谓语，如果词组较长，一般都要断开。如“王之所大欲，可得闻与”中，“王之所大欲”是偏正词组充当主语，其后断开。

2.带“而”字的词组。

无论它表示何种关系（并列、承接、修饰或转折），它所连接的两个成分的词组都可以断在后一个成分的后面，如“保民而王”“笑而不言”“救死而恐不赡”等，应分别断在“王”“言”“赡”之后。

这里应注意的是，如果“而”字所连接的是两个句子，则断句应在“而”字之前。如“吾力足以举百钧，而不足以举一羽”“王之诸臣，皆足以供之，而王岂为是哉”这两句话中，“而”前应断。

3.带“以”字的介宾词组。

这种词组可以作状语放在动词之前，也可以作补语放在动词及其宾语之后，前者如“以羊易之”，后者如“申之以孝弟之义”，断句分别在“易之”“之义”之后。

下面这段话须断开二十九处，利用虚词（加着重号）和词组（加横线）可断开十六处。

杞子自郑使告于秦曰¦郑人使我掌其北门之管|若潜师以来国可得也|穆公访诸蹇叔¦蹇叔曰¦劳师以袭远√非所闻也|师劳力竭√远主备之|无乃不可乎|师之所为|郑必知之|勤而无所|必有悖心|且行千里|其谁不知|√公辞焉|召孟明√西乞√白乙√使出师于东门之外|蹇叔哭之|曰¦孟子√吾见师之出|而不见其入也|公使谓之曰何

尔√知中寿√尔墓之木拱矣

除了上述已断开的十六处之外，还有四处显而易见可断，即“曰”后和重名之间（用虚线划开）。剩下九处可据文意及句式特点断开（用“√”标示）。

三、利用特殊句式

这一条无须多讲。要求做到两点：（1）要多记住一些句式，如判断句、疑问句等。（2）不仅要熟悉特殊句型的基本形式，还要熟悉它们的变化形式，如判断句的变化形式就有“……，（乃）……也”“……者，……也”等等。

四、利用文章的修辞特点

古人写文章很重视修辞技巧，这对文句的组织也会产生一定的影响。熟悉修辞技巧，对断句很有帮助，试看下例：

臣闻求木之长者必固其根本欲流之远者必浚其泉源思国之安者必积其德义源不深而望流之远根不固而求木之长德不厚而思国之安臣虽下愚知其不可而况于明哲乎人君当神器之重居域中之大不念居安

思危戒奢以俭斯亦伐根以求木茂塞源而欲流长者也（《谏太宗十思疏》）

现根据修辞特点断句如下：①“臣闻”是总领语，可断。②其后是一组排比句，基本句式是“求（欲、思）……者，必……”，可断为三大句。③此后仍是一组排比句，语言直承上文而内容相反，形成对照，基本句式是“……不……，而……”，可断为三小句。④“臣虽……乎”用低衬方式设问，“下愚”衬“明哲”，再用“而”表递进，“下愚”之后及“而”之前应断开。⑤“人君”和“不念”以下都是对偶句，“斯亦”以下表结论，仍用对偶句，这样断句也是可行的。

此外，这段话还告诉我们另一个重要事实：古人写文章，又很重视节奏的整齐，所以好用所谓“四字句”。如“居安思危”“戒奢以俭”等，都可算作四字句；“（必）积其德义”“（必）固其根本”等，其基本形式也是四字句，懂得这一点，对断句也有好处。

断句后用何种标点，跟现代文的标点用法并无实质差别，只要细心琢磨，就一定能够点好。

原载《教学通讯（文科版）》1983年第4期

笔法漫谈

文言文的换字法

鲁迅在《作文秘诀》一文中，曾经辛辣地嘲讽了当时某些人把用语“朦胧”“难懂”当作“作文秘诀”的拙劣手法。他故意把“秦始皇开始烧书”这个意思编成三句话：

（1）秦始皇乃始烧书。

（2）始皇始焚书。

（3）政俶燔典。

第一、二句比较易懂，不必说了，难懂的是第三句。“政”，指的是秦始皇，因为秦始皇姓嬴名政。“俶（chù）”，开始的意思。“燔（fán）”就是烧。“典”，典籍，就是书。如果不加这番解释只看表面的字眼，是很容易把人搞糊涂的，而其实所说的只是一个非常浅显的意思。无怪乎鲁迅嘲讽地说，那第二种说法已经“有些‘古’起来”，而第三种则“简直有了班马气”了。

这件事告诉我们，学文言文要懂得换字法。文言文里有些话的意思其实很好懂，但由于用字“古”一点，也可能使人感到迷惑不解，以为高深莫测。如果懂得换字，例如把上面第三句话换成第一句那个样子，岂非“真相大白”了么？

词汇是处在经常的发展变化之中，有些词在某个特定时期经常被使用，但随着时间推移也可能不被使用，或很少使用，或词义发生显著的改变。例如“奏刀騞然”（《庖丁解牛》）中的“奏”字，本来的意思是“进”，过去曾经用得很普遍，现在已经不用；“騞”，形容破裂声，《新华字典》虽已收入，实际上也很少使用。诸如此类的发展变化情形，即便是文言文学得较深的人也很难尽知，更不用说初学了。这方面的困难只能在长期的知识积累过程中逐步求得基本解决，而关键是，首先要丢掉畏难的心理，知道文言文也是表情达意的工具，意思总是可解的；其次要抓住某些“古”一些的词汇，尽可能地换一种表达方式，或用“近”一些的词汇来替代它们，如“奏刀騞然”就可以改成“进刀騞然”，“山陬海澨”（《甘薯疏序》）可以改成“山隅（角）海滨”。

同学们学文言文，喜欢把整篇整句的现代语译文都记在原文下边，对照着学习。这种办法不怎么好，对提高阅读能力不利。这当然不是学文言文可以不搞翻译，而是因为这种方法容易使人养成依赖译文的心理。因此，用换字法来读，即一边读原文一边将其中难懂的词汇换成明白浅显的词汇，倒不失为一种可行的替代方式。

原载1984年6月25日《语文报》(第108期)，
署“江枫”

说“借代”

借代辞格其实也是一种换字法，即用代字或代用语去替换那原来的字。懂得这种辞格，文章的原意便可一目了然；把代字或代用语跟那原来的字作一番比较，还可进一步发现作者用语的工巧。在文言文里，这种辞格被使用得相当广泛，很有研究的必要。

为什么写文章有时要用借代辞格呢？归纳起来，大概有两个主要原因：一是为了生动地再现事物的形象，例如《桃花源记》中以“黄发垂髫”代老人和孩子，便给人一种栩栩如生的感觉，再联系下半句“并怡然自乐”，更容易想象出一幅和平幸福的生活图景；又如《岳阳楼记》中以“长江”代长江水，不仅能使上下句字数整齐划一，读来铿锵有力，而且能使人感到洞庭湖的气象非凡。二是为了使语气显得委婉，语意显得含蓄（这往往用于特定的场合），例如《鸿门宴》中，张良说的“沛公不胜杯杓”就是一种委婉、含蓄的表示，既有礼貌地向项羽作了解释，又维护了沛公的尊严，如直说“沛公已醉”，就收不到这样的效果；又如《赤壁之战》中，曹操给孙权的那封信明明是一封战书，但信中就避免了使用“决一胜负”之类的决辞，而改用“方与将军会猎于吴”这种留有余地的说法——自然，其中包含着一种期在必胜的心理。王国维在《人间词话》中虽谈到词中用代字不外乎两种情形：“非意不足，则语不妙也。”在散文中用代字或代用语，情形也大体如此。

分析借代辞格不可执着于词法句法，否则极易产生误解。例如杜甫的诗句“白头搔更短”，后人颇有非议，认为“白发可言长短，今易白发为白头，则属不词”。这种看法如能成立，则《岳阳楼记》中的“把酒临风”也应视为“不词”了，因为酒之不可“把”，是人所共知的道理；其余诸如此类的句子也多得不胜枚举。我们不赞成这种片面的观点，分析借代辞格，首先要在“意”字上下功夫，其次才是词法句法。孟子说的“不以文害词，不以词害志”，未尝不可以作为我们这一主张的根据。

原载1984年《语文报》，期次不详，

原题为《文言文的换字法（二）》，署“江枫”

谈“炼字”

从前人写文章很讲究“炼字”，就是在文辞通顺的基础上，经过反复推敲，从若干字眼中选出一个最恰当的字眼来表情达意。这当然需要一定的功力，也要有耐心，并善于向别人学习。

宋洪迈的《容斋五笔》里有这样一段故事：范仲淹写好《严先生祠堂记》一文后，曾经向李泰伯请教。李泰伯建议把结束语“云山苍苍，江水泱泱，先生之德，山高水长”中的“德”字换成“风”字。范仲淹听后，“凝坐颔首，殆欲下拜”。

为什么更换一字竟使范仲淹感动到这种地步呢？因为这个字换得实在好，使全文的气脉贯通了。原来的“德”字，系指品德、气节等而言，是个抽象的字眼，用它来承接“云山”“江水”这种形象鲜明、含义深广的描述，未免有点不合。这看来是个小毛病，但由于它出现在文章的结尾处，对全局的影响却很大。“风”的含义则比较具体，指人的风姿、风格、作风等，可以使人由此产生生动的联想，觉得严先生（即严光）的形象似与苍苍云山、泱泱江水浑然一体，如在眼前；接着再用“山高水长”一语点明，文章的意境更显得阔大、深远，给人的感受也更鲜明。再从文章的全局来看，前面主要是称颂严光的高尚气节，然后从中引出一个重要的结论——“而使贪夫廉，懦夫立，是大有功于名教也”，说的正是“风化”即精神感召力的问题；到结尾再用“风”字来照应，不仅能使全文气脉贯通，而且暗合孟子说的“故闻伯夷之风者，顽夫廉，懦夫有立志”（《孟子·万章》）这句话，显得很典雅。过去人们常说，在文章的要害处更换一字，可使全文风貌迥然不同，的确如此。

关于“炼字”的佳话，在历代笔记文中可以找出许多，都不乏有益的启示。读文言文，如能经常注意古人这种“炼字”的功夫，对文章内容的理解就会来得透彻一些。

原载1984年9月17日《语文报》（第120期），
原题为《文言文的换字法（三）》，署“金昆”

谈“避讳”

古人有为尊者讳的习惯，凡不便明说的事，常使用别的字眼来替代，这也是一种特殊的换字法。例如“先”字，就用来称呼已去世的尊者。

《儒林外史》里有一段对话涉及这个问题，抄录如下：

> 匡超人道：“家家隆重的是小弟，都在书案上，香火蜡烛，供着‘先儒匡子之神位’。”牛布衣笑道：“先生，你此言误矣！所谓‘先儒’者，乃已经去世之儒者，今先生尚在，何得如此称呼？”

这自然是嘲笑匡超人的无知。其实，这个字眼过去用得很普遍，例如诸葛亮在《出师表》里称已去世的刘备为“先帝”，归有光在《项脊轩志》里称已去世的祖母和母亲为“先大母”“先妣”。

从这个习惯扩展开去，凡说话人不愿明说的一切事物，都可以不用本名而用其他字眼代替。《世说新语》有一则关于晋人王夷甫的故事：此人以清高自诩，口中从来不说“钱”字。一天，他夫人跟他开了个玩笑，趁他睡觉时把钱堆在床边。王夷甫醒来一看，没法下床，只好叫人把它移开，但他仍不说“钱”字，却说：“举却阿堵物。”“阿堵”，是当时口语，意为“这个”。从此，“阿堵物”就成了钱的代称。鲁迅在庚子年除夕所作的《祭书神文》中就用过这个代称，原句是：“绝交阿堵兮尚剩残书，把酒大呼兮君临我居。”意思是只欢迎书神来，不欢迎财神爷。

这一类代用语在文言文中不算少。我国历史悠久，语言也有一个漫长的发展过程，同一个概念在不同的历史时期常常用不同的字眼来表示，仅就讳字的用法而言，其中也有各种复杂的情形，很难彻底弄清。重要之点是，要知道古人有用讳字的习惯。知道这一点，有些词语的意思就不难理解了。

原载1984年10月29日《语文报》（第126期），
原题为《文言文的换字法（四）》，署“江枫”

文言文的省字法（一）

古人写文章，讲求文字经济，不容许有多余的字句。梁代文学理论家刘勰说："句有可删，足见其疏；字不得减，乃知其密。"历来的作家和批评家都很重视这一点。

例如《史记》这部不朽的著作，它的语言的典范性从来是得到公认了的，但也有人从中挑出毛病，做省字的尝试。金代人王若虚在《滹南遗老集·史记辨惑》中就有这么一条："'李广见草中石，以为虎而射之，中石没镞，视之石也。因复更射之，终不能复入石矣。'（出自《史记·李将军列传》，首句原作'广出猎，见草中石'——笔者）凡多三'石'字。当云：'以为虎而射之，没镞。既知其石，因复更射，终不能入。'或云：'尝见草中有虎，射之没镞，视之石也。'亦可。"引文中的横线系笔者所加。如果把画线的两组句子的顺序颠倒一下，变成"尝见草中有虎，射之没镞，视之石也。因复更射，终不能入”，这就不仅节省了八个字，而且在表达上也更显得完美。因为原来首句说“见草中石，以为虎而射之”，已经指明这是李广的错觉，下文再说“视之石也”，只能使人感到平淡无奇；改后略去了“以为”等字，到下文再揭开底细，行文就有波澜了。

上面说的是省得好的例子，但也有省得不好的，如宋人苏辙的《古史》。这部书，原为去《史记》之繁芜而作，但这事做得过了头，省去了一些不该省略的字眼。例如《史记》里“母，韩女也。樗里子滑稽多智”（见《樗里子甘茂列传》）这句话，《古史》就将它改成“母，韩女也。滑稽多智，”省去了“樗里子”三字。这样一改，“滑稽多智”的就不是樗里子，而是樗里子的母亲了，跟原作的意思大大相悖。

由此可见，省字是有原则的，这就是浮词务去，不是为省字而省字。能去浮词，才能做到“情周而不繁，辞运而不滥”，所谓“精练”的含义就在于此。用这个观点来读文言文，自然能体会到作者运用语言的妙处。

原载1984年11月12日《语文报》（第128期），
署“江枫”

文言文的省字法（二）

写历史，经常碰到的棘手的问题是：怎样从纷纭复杂的历史素材中选出最主要、最恰当的材料来显示历史事件或历史发展过程的实质。要解决这个问题，除了应具有驾驭历史事件的能力而外，还要求语言高度精练。有一个很有名的故事：一天，欧阳修同一位友人外出，看到一匹飞奔而来的马踩死了躺在路上的一只狗，于是两人都来推敲怎样用文字来叙述这件事。友人拟出的文字是："有犬卧通衢，逸马蹄而死亡。"欧阳修认为不好，把它改作："逸马杀犬于道。"同是一件事，友人用十一个字叙述——这其实已经算不错了，而欧阳修却比他更少，只用了六个字。

欧阳修省字的奥秘何在呢？从改文可以看出：第一，原文中"蹄而死亡"四字是多余的，因为凭常识就可以判断，"逸"给"卧犬"造成的"不幸"不外乎"蹄而死亡"。

这就是说，事件的原因已经包含在“逸”字里面，再用一个“杀”字把事件的结果加以概括就行了。第二，原文把“犬”当作叙述的主体，所以非用两句不可，这种处理方式是错误的！其实叙述的主体应当是“马”，以“马”为主体，就可以将两句合并为一句，即“逸马杀卧犬于通衢”。第三，“卧犬”的“卧”，是非本质的细节，自然可删，“通衢”，可代之以“道”。由此可见，要高度精练地叙述一件事，非对这件事的原因和结果、主体和非主体、本质细节和非本质细节等作出精辟的分析不可。

原载1984年11月26日《语文报》（第130期），
署“江枫”

文言文的省字法（三）

文言文的省字方法，还可以从语法的角度来进行探讨，这是因为文言文中的“不完全句”相当多，凡是根据上下文或全篇内容能够正确领会的意思，不管是句中的主要成分还是次要成分，都可以略而不书。

《镜花缘》第十七回就谈到了这个问题。一天，唐敖和多九公在黑齿国漫游，无意中走进一所学塾，碰到两个才女。多九公想炫耀自己的学识，就拿《论语》中“未若贫而乐，富而好礼者也”这句话来考他们俩。没想到两位才女如数家珍般地说出了《论语》的几种版本，并指出梁人皇侃《论语义疏》中“贫而乐”三字后还有一个“道”字，弄得多公九一时无话可说；因为知道今本省去了“道”字，这句话便不解自明。

其实，只要熟悉《论语》全书的内容，就是不看古本，这句话也不会解错的。因为在该书《卫灵公》一章里，孔子还说过“君子忧道不忧贫”的话；在《雍也》一章里又用“一箪食，一瓢饮，在陋巷，人不堪其忧，回也不改其乐”这些话来称赞颜回。意思是鼓励人们，即使在生活贫困中也要去探求“道”，要以“道”为乐。多九公以为两位才女不知道“贫而乐”下省了一个“道”字，一定会把这句话简单地解作“贫穷，却很快乐”，他的估计完全错了。不仅如此，才女们还指出《里仁》一章中“古者言之不出，耻躬之不逮也”一句中的“出”字前，省略了一个“妄”字。这个“妄”字，从上下句讲言行的关系中是可以看得出来的，大意是说了就要做到，做不到就不要轻易地说。

上面说的两种情形，从语法的角度看，“道”是“乐”的宾语，属于宾语省略；“妄”是动词“出”的修饰语，属于状语省略。其余如主语、谓语、定语等，都可以省略。读文言文一定要时时注意上下文的意思，看看是否有被省略的成分；如果把一句话孤立起来，只照字面去讲，就很可能讲错。

原载1984年12月10日《语文报》（第132期），
署“金昆”

谈“微言大义”

我国古代有“孔子作《春秋》而乱臣贼子惧”的说法。《春秋》是一部编年体史书，记载我国春秋时期（前722—前481）的历史概况，因为写得非常简略，实际上只能算一部史纲或大事记，后来就有左氏、公羊、穀梁三家替它作传，就是用具体的史实把它的那些概括性的叙述丰富起来。

为什么《春秋》这部书会使乱臣贼子感到害怕呢？这是因为孔老先生用了“微言大义”的方法，即用一两个字来表示他对历史人物和事件的态度，后来被称为“春秋笔法”。这种笔法是很厉害的。范甯在《春秋穀梁传序》里说：“一字之褒，宠踰华衮之赠；片言之贬，辱过市朝之挞。”这话虽不无夸大，却也道出了这种笔法的作用。举例来说，高中语文课本第五册的《殽之战》一文，就是给

《春秋》里“夏，四月，辛巳，晋人及姜戎败秦师于殽”这句话作传的。杜预的注就说，孔老先生在这句话里不称“晋侯”，而称“晋人”，就是为了指责晋襄公“背丧用兵”，意思是在君父丧事期间发动战争，这是非礼的举动。《殽之战》里“子墨衰绖……晋于是始墨”这段话就比较详细地记载了这件事。

这种“微言大义”的方法，也是一种省字的方法，到后来被历史学家广泛地加以应用，碰到某些无须细说但须作者表明态度的事件时，常用带有褒词或贬词的一两句话作概括交代。例如《鸿门宴》一课的结句“沛公至军，立诛杀曹无伤”，其中的“诛杀”就是个贬词，意思是明其罪而杀之。这是因为曹无伤犯了通敌罪，应当明正典刑，沛公这样做是对的。至于处死的经过，就不用细说了。读者看到“诛杀”一词，自然明白一切。这样写，既保持了叙事的完整性，又省去许多废话。

读古代的历史作品，如能经常注意这些“微言大义”的地方，可以加深我们对历史事件的认识。

原载《语文报》，期次不详，

署“金昆”

谈“设喻”

“设喻”，或叫“设譬”，是一种说明事物或问题的方法。刘向《说苑》里有一段故事谈到这个问题，颇有启发性。

客谓梁王曰：“惠子之言事也，善譬。王使无譬（不许他设喻），则不能言矣。”王曰：“诺。”明日，见惠子，曰：“愿先生言事则直言耳，无譬也。”惠子曰：“今有人于此而不知弹者，曰：‘弹之状何若（什么样子）？’应曰：‘弹之状如弹。’则谕（明白）乎？”王曰：“未谕也。”“于是更应（改变回答）曰：‘弹之状如弓，而以竹为弦。’则知乎？”王曰：“可知矣。”惠子曰：“夫说者固以其所知谕其所不知，而使人知之。今王曰‘无譬’，则不可知矣。”王曰：“善。”

惠子的这些话是很有道理的：人们对于纷纭复杂的客观事物，决不可能做到尽知，说话人要使听者明白自己所说的事物，就要善于利用听者所熟悉的事物。这完全符合发展认识的法则：从已知事物出发，达到对新事物的认识。惠子以弓和弹的关系设喻，把这个道理说得相当透辟，使梁惠王不得不认输，这是很有趣的。

但设喻的作用还不止于给人以新的知识。在古代文章里，我们可以经常看到有许多深刻而精微的道理，都是用设喻的方法来阐明的。孔子门徒子贡就是一位善于运用设喻的语言大师，《论语》中记载了他对几个复杂问题的答辩，用的都是设喻的方法。但我觉得最好的是下面这一条：

君子之过也，如日月之食焉；过也，人皆见之；更（改过）也，人皆仰之。

这个设喻把公开错误、改正错误的必要性以及二者间的辩证关系，说得再明白不过了；就是用今天的眼光来看，也是值得奉为座右铭的。

设喻和比喻不同：一般地说，设喻用于论事说理，而比喻则用于状物写景。不过有时也不好加以区别。主要之点是要懂得设喻的实际应用，这对我们说话写文章大有好处。

原载1982年1月18日《语文报》(第16期)

改寿联的故事

——浅说“脱胎”

文言文中常有改动数字而妙趣横生的事。读过《谭嗣同》一课的同学都知道，戊戌变法失败跟袁世凯出卖光绪帝有直接的关系，所以当时的帝党（即维新派）对袁世凯简直是恨之入骨。由此就生出一段改寿联的故事来。

光绪戊申年（1908年）八月，袁世凯在北京东安门外北洋公所大摆筵席，庆祝他的五十大寿。当时有个名士想讨好袁世凯，献了一副寿联：

戊戌八月，戊申八月；
我佛万年，我公万年。

这幅寿联媚态可掬：上联“戊戌八月”，指戊戌政变，是袁世凯得势的开始，“戊申八月”，则指袁世凯的五十寿辰；下联“我佛”指西太后，“我公”指袁世凯，把袁抬高到“一人之下，万人之上”的地位。不巧，过了两个月，西太后病死；再过两个月，袁世凯又被罢官。于是，有人把这副对联改为：

戊戌八月，戊申十月；
我佛今年，我公明年。

这简直是一首绝妙的政治讽刺诗！意思是西太后一死，袁世凯的死期也不远了。

这两副对联，只有三个字不同，而意思截然相反：一副吹捧，一副咒骂。吹捧的吹得拙劣，而咒骂的骂得巧妙。

这后一副对联的造语方法，从前人称之为“脱胎”或“脱化”，就是把别人说过的话略加改动，以适应自己表达的需要。这种改动有时会产生很好的效果。例如《岳阳楼记》中“先天下之忧而忧，后天下之乐而乐”这句话，就是脱胎于孟子的“乐以天下，忧以天下”（《孟子·梁惠王下》）。孟子的原话是用来劝说齐宣王施行仁政的，无非是“与民同乐”的意思；范仲淹把它增改了几个字，用来表达自己的非凡抱负，思想境界显然高得多，真所谓“青出于蓝，而青于蓝”。古代的诗人、词人尤其好用这种造语的方法，“出蓝”的妙句也不算少。

懂得这种造语的方法，对我们领会古人的语言艺术有一定的帮助。

原载1985年6月10日《语文报》（第158期），
署“金昆”

从回文诗说起

——谈文言文句读的灵活性

回文诗大约要算我国文学作品中一个特殊的品种。这类作品中脍炙人口的，是前秦窦滔妻子苏蕙的《璇玑图》，图成正方形，共八百四十一字，横来竖去、左转右拐地念，竟能拼出二百多首诗（有人甚至说不止此数）。拿它来举例很费事，姑且另挑一首短的，这首诗只有十四个字：

静思伊久阻归期忆别离时闻漏转

一看内容便知，它写的是一个女子在深夜里思念远行丈夫的感情，但又觉得不像诗，甚至不成句；其实，用回文的方式来读，不仅像诗，而且还算一首不错的诗哩。

静思伊久阻归期，
久阻归期忆别离，
忆别离时闻漏转，
时闻漏转静思伊。

这种诗体的产生，跟文言文句读的灵活性有点关系。所谓灵活性，指的是某些词语有时既可以跟上边的词语连成一句，又可以跟下边的词语连成一句；用行话来说，就是属上读或属下读并通。例如《桃花源记》中的“闻之欣然规往未果”，如以“欣然”属上读，可断为“闻之欣然，规往未果”两句；如以“欣然”属下读，则可断为“闻之，欣然规往，未果”三句。这种情形在经传中尤其屡见不鲜。

为什么文言文句读会出现这种情形呢？大概有两个原因：第一，文言文中省略成分较多，容易导致句子界限不明。例如《论语·为政》中“吾与回言终日，不违，如愚”这句话，“不违”（不反对，不质疑）和“如愚”（好像愚人）的主语“回”（颜回，孔子最得意的学生）就被省略了，因此，以“终日”属下读，改为“吾与回言，终日不违，如愚”，也是讲得通的；如果补充了主语，将原话改为“吾与回言终日，而回不违，如愚”，“终日”就不可以属下读了。第二,一词多义也容易导致多种句读。例如《论语·八佾》中“夏礼，吾能言之，杞不足征也；殷礼，吾能言之，宋不足征也”这句话，意思是说，夏代和殷代的礼仪虽然能说出来一些，但从它们的后代——杞和宋都找不到根据，其中的“之”是个代词；但“之”又能作动词用，因此这句话还可以断为：“夏礼，吾能言，之杞不足征也；殷礼，吾能言，之宋不足征也”，因为孔子的确曾经到杞和宋进行考证，这种断法也应认为是正确的。

学断句，懂得这样的道理，善于把不同的断法加以比较，对理解内容也是有帮助的。

原载《语文报》，期次不详，
署“江枫”

从“罤”字说起

——兼谈书信中的称呼

“罤”是个生僻字，《辞海》不收，但俞樾《春在堂随笔》中的一段趣事跟它有关，原文如下：

> 王补帆同年，小于余者二岁，每谓余宜弟之而勿兄，然寻常书问，习贯（惯）为常。率尔落笔，辄误以弟自称，因戏于“弟”上加“罘”作“罤”，注其旁曰：“周人称兄曰罤。”钱子密吏部与余约如补帆，余亦尝误自称“弟”。子密报云：“何不用周人称兄之例？”

文中提到的那个“罤（kūn）”字，人们早已不用。俞樾不过偶尔一用；他那句注文则出自《说文》：“周人谓兄曰罤，从弟从眔。”徐铉给它的解释是：“眔目相及也，兄弟亲比之义。”鲁迅《狂人日记》首句“某君昆仲”的“昆”就是“罤”的借字，所以“昆仲”也就是“兄弟”。

在朋友书信往还中，不管对方年龄大小一概称兄的习惯由来已久。这个“兄”字确如鲁迅所说，并不含有“老哥”的意思，而只是一种有礼貌的表示。但既然如此，俞樾的两位朋友为什么一反旧习，要求俞樾按年龄大小来称呼他们呢？原来书信中的称呼，除了讲礼貌而外，还具有表示通信双方关系疏密的作用，俞樾的年龄比王、钱二位大些，称对方为弟而以兄自称，这就表示他们已超过一般相识的关系，成为亲密的朋友了。

书信中的称呼是有讲究的，直呼其姓名，会使人感到不快。如果关系疏远，可在姓名后加“同志”二字；关系较近者，可略去其姓，用“××同志”；只有对亲近的朋友，才仅用其名。至于给长辈写信，近年来受外国影响，在称呼前冠以“亲爱的”“尊敬的”“敬爱的”等词，这就很好。

原载1986年6月1日《读写知识》(高中版第17期)，
署“江枫”

文化常识

古代的车战

读过《曹刿论战》的同学大都看得出来，它所叙述的齐鲁长勺之战是一场速决战。实际情形也正是如此，因为当时作战的方式是以车战为主，一旦打起来，不需要多长时间就可以决出胜负；其次也因为这场战争不涉及齐、鲁以外的诸侯国，规模不算大。

车战，是以战车（又叫“兵车”“戎车”）为进攻和防御手段的作战方式，其他兵种（春秋时期主要是步兵）都处于从属地位。至于它究竟起于何时，则很不容易确定。传说黄帝与蚩尤在涿鹿（今河北涿鹿，一说怀来）作战，蚩尤能兴大雾迷惑对方，黄帝于是做指南车，车上有楼，刻仙人于其中，无论车子怎么转动，仙人的手总是指向南方，这样才打败了蚩尤。但这是后人附会，不足信。最早见于史书记载的车战是周武王和殷纣王的牧野（今河南卫辉）之战。据《史记·周本纪》，武王兴师伐纣，有戎车300乘，虎贲（勇士）3 000人，甲士45 000人，诸侯兵会者车4 000乘。乘是战车的单位，每一乘包括战车1辆、马4匹、甲士3人，还有配属于战车的72名步卒。从这个记载来看，当时战车数量已达到惊人的地步，这自然是长期发展的结果，但我们只能大致断定战车的制作不会早于殷代，因为在此之前，人们还不懂得炼铜的技术，而没有铜就造不出战车来。

西周初期，战车数量继续增长。为了保持社会稳定，西周政府对各级政权的统治区域和战车数量都作了明确规定：王畿，即周天子直接统治的地区方千里，兵车万乘；诸侯大国地方百里，兵车千乘。到了东周和春秋时期，生产技术特别是冶炼技术有了较大进步，加上诸侯间的兼并战争日益加剧，战车数量增长得更快，如晋、楚等大国多至四五千乘，中等诸侯国也在千乘上下。到战国晚期，据刘向《战国策·序》所说，已发展到“万乘之国七，千乘之国五”，前者指的是韩、赵、魏、楚、齐、燕、秦，后者指的是宋、卫、中山、东周、西周。这只是就大体而言，实际的战车数量比这还要多。春秋战国时的公卿、大夫都有封邑，谓之“家”，有“家”就有战车。公卿封邑大，可以出战车千乘；大夫封邑小，可以出百乘。孟子所谓“万乘之国弑其君者，必千乘之家；千乘之国弑其君者，必百乘之家”，就是指这种情形说的。

用战车作战时，三个甲士站在车上，居中者担任御手，居左者持弓，居右者持矛，其余数十名步卒随车冲击敌阵。国君要亲自上阵用旗鼓指挥作战，他坐在车中央，御手在左，在右的手执武器保护他，称为“车右”。《殽之战》记述晋襄公出兵击秦，说“梁弘御戎，莱驹为右”。“御戎”，就是驾驭战车；“为右”就是担任车右。《曹刿论战》说鲁庄公和曹刿同坐一辆战车，据当时惯例，曹刿应在“车右”的位置上，除协助庄公指挥作战之外，还兼有保护庄公的职责。

车战的场面是很惊心动魄的，屈原在《国殇》一诗中曾作过生动的描写，这里姑且从略。

战车有多种用途，除作战之外，行军途中还可以用来运载军械、粮草，驻军时用来结阵扎营，营的出口处将两辆车子向空仰起，使它们的辕相向交接，成为一个半圆形的门，叫“辕门”——后来它成了军营大门的通称。

我们读古代文章要注意这一点：在秦、汉以前，战车的数量被认为是一个国家军事力量大小的标志，例如贾谊在《过秦论》里说：“然秦以区区之地，致万乘之势，序八州而朝同列，百有余年矣。”这里的“万乘”，解释者大多用它的引申义，说是秦始皇统一全国，做了天子，这就讲错了；这个“万乘”仍指秦的军事力量强大，下句“然后以六合为家，殽函为宫”说的才是它统一了天下。

原载《中学生阅读》1996年第9期

古代的纪年法

有些人读文言叙事作品特别是史传作品，习惯上不怎么注意其中的纪年用语，所以时间长了，便记不清事情发生的年代，甚至出现颠倒错乱的现象。其实，这些用语对我们很有用，不仅可借以查明当时的政治背景和社会状况，记得多了还可以形成记忆的网络，对历史生活的面貌产生比较清晰的认识。例如陈涉起义发生在秦二世元年（前209），鸿门宴事件发生在汉元年（前206），项羽军败垓下在汉五年（前202），据此可知，秦末战乱长达七年。有了这样一个网络，再读《桃花源记》，对“自云先世避秦时乱”这句话就会理解得深刻一些。而这种由此及彼地将几件史实联系在一起的能力，首先来源于对纪年的重视。

我国古代史家纪年一向是以帝王在位的年头为依据，这大概是世界各国的通例，似乎不值一讲；但我国有记载的历史自大禹算起有4000多年，尽管大的原则不变，小的变化却屡屡发生。司马迁在《史记·三代世表》中，于夏、商二代只按继承顺序写出帝王的名字而不著年代；于周的前期（至厉王止）除称名而外，还称庙号，因为此时已有了谥法，但也不著年代。据作者云，“黄帝以来皆有年数”，但记载中“多有乖异”，故而不著。著年代即史家说的“以一、二数”，自周“共和”（前841至前829）开始，但此后王室衰微，诸侯力征，其史官各按本国国君纪年，所以《史记·十二诸侯年表》中就出现了复杂的情况：以周王室纪年置前，下面再依次列出各诸侯国纪年。我们读《左传》，就要注意这一点：左丘明是鲁国史官，他用的是鲁君纪年。例如《曹刿论战》记齐鲁长勺之战，一开头就指明它发生在“十年春”，这个“十年”指的是鲁庄公十年；如按王室纪年，就应是周庄王十三年。知道这种复杂情况，对我们查阅春秋战国时期的史实有很大帮助。例如信陵君窃符救赵一事，读《史记·魏公子列传》，知道它发生在魏安釐王二十年；如果我们想看看《资治通鉴》是怎样记载这件事的，只要拿《六国年表》来对照一下，就可以发现这一年就是周赧王五十八年，这样找起来就很方便。

这种“以一、二数”的简单纪年方式一直延续到汉武帝以前。例如《史记》记项羽自立为将在“秦二世三年”；

此后楚、汉相争长达五年，刘邦尚未即帝位，但《史记》也以汉纪年，《项羽本纪》中有“汉之元年四月，诸侯罢戏下”“汉五年，汉王乃追项王至阳夏”等语，可证。但文、景两朝又略有变化。文帝即位第17年（前163），新垣平以“日再中”（日已过中天，却行而东，复至中天）的诈骗术讨好文帝，文帝大喜，把这一年重称“元年”，后来班固修《汉书》，只好称它为“后元年”。景帝继位也仿此分为前七年、中六年、后三年。但这种纪年法十分不便，到汉武帝，就出现了年号。

用年号虽起于汉武帝，却不是他即位之初就有的。元鼎三年（前114）——这时他即位已有26年，有司奏云：“元宜以天瑞命，不宜以一、二数。”恰好第二年就发现了宝鼎，这才有了“元鼎”这个年号；又将此前的年号依次定为建元、元光、元朔、元狩，各六年。武帝的年号之多，在历代皇帝中仅次于唐武后和高宗，共有11个，这些年号也不完全是依“天瑞”命名，有些还联系着当时的重大事件。唐人颜师古注《汉书》，对它们都有解释或引他人的话作解释，例如：

元封：“应劭曰：‘始封（在山顶祭天）泰山，故改年。’”

太初："应劭曰：'初用夏正，以正月为岁首（过去以十月为岁首），故年为太初也。'"

征和："应劭曰：'言征伐四夷而天下和平。'"

这种年号命名方式为以后各代皇帝所采用，直至清的末帝溥仪。一帝而多年号也是常有的事，换年号则视政治形势的需要而定，短则一二年一换，长则十余年乃至二十余年一换，超过三十年的只有南宋高宗的"绍兴"和元世祖的"至元"。明、清两代特殊一些，每帝只有一个年号，一用到底，这自然是一个进步，便于读史。

年号也有读史以外的用途。例如陶潜写《桃花源记》，说事情发生在"晋太元中"，"太元"是东晋孝武帝的年号，长达21年。为什么作者选定这个年号呢？因为他要给故事蒙上一层似有若无的色彩：说无其事吧，他有年代作证；说有其事吧，年头太长，又无从考查。这种虚构技巧是很高明的。但这是读史余事，不过附带提及。

原载《中学生阅读》1995年第8—9期合刊

古代对天区的划分

古代天文知识相当普及，人们很注意观察天象。传说孔子有过这么一件事：一天早晨他出门办事，尽管天气很好，却带了一把雨伞；弟子们都困惑不解，可又不敢问他。说来也巧，他走后不久，天色陡变，下起了大雨。晚上孔子回来，弟子们这才问他："您怎么知道今天要下雨？"孔子说，他昨夜看天，发现月附着在毕宿上，这正是下雨的征兆。《诗经·渐渐之石》就有这样的话："月离于毕，俾滂沱矣。""离"，这里是依附、靠近的意思。

我们的古人很聪明，为了便于观测，不仅给星取了名字，而且划分了天区。给星取名，可不简单，因为全天的星肉眼可以见到的有3 000多颗，一一取名不易记住；于是将相邻的若干颗组合在一起，想象成某种事物的形状，取一个"共名"，再排定它们的顺序。例如上面提到的毕宿，形状像一张捕鸟兽用的长柄的网（这是毕的本义），故取名为毕，有星8颗，今天我们称它为金牛座。划分天区，限于北天和黄道（太阳一年内在恒星之间所走的视路径）附近，因为古人生活在黄河流域，南天的许多星座都看不见。古代划分的天区共31个，即二十八宿和三垣。

二十八宿之说早在殷代已开始形成，而可能在西周之初最后确定下来。它们之所以被人注意，是因为那时已经发现七曜，即日、月和五大行星的运行都处在黄道带（黄道两边各8°宽的一条带）上，于是将这条带上的恒星划为28个小区，一区一宿。宿（xiù），表示星的位次，也含有日月五星所止舍的意思。这二十八宿的名称依次是：

角亢氐房心尾箕（东方苍龙七宿）
斗牛女虚危室壁（北方玄武七宿）
奎娄胃昴毕觜参（西方白虎七宿）
井鬼柳星张翼轸（南方朱雀七宿）

这种划分恰好跟土星的运行相吻合。土星，古代叫填星或镇星，因为它每28年运行一周天，好像每年都填充或坐镇二十八宿中的一宿。这可以帮助我们推算它在黄道带上的位置，例如今年它在壁宿，到2000年便将移至毕宿。

二十八宿除作为观测日月五星的坐标而外，还可以用来测定岁时季节。例如，古人认为初昏时心宿在正南方是夏季五月，到七月下而西流，这就是《诗经·七月》中说的“七月流火”——“火”是心宿的别名。有时还能用来预测天气，如《尚书·洪范》孔传中就有“月经于箕则多风，离于毕则多雨”的说法。

古人对二十八宿是非常熟悉的。李白曾用“扪参历井仰胁息”(《蜀道难》)形容青泥岭的高峻；杜甫用参、商（心宿）的此出彼没来比喻人生会面之难（见《赠卫八处士》)；苏轼用“徘徊于斗牛之间”(《赤壁赋》)指出月初升时的位置。

三垣指的是太微垣、紫微垣、天市垣。太微垣是上垣，在星、张、翼、轸四宿以北；紫微垣是中垣，以北极星为中心，集合着周围的星群；天市垣是下垣，在房、心、尾、箕、斗五宿以北。三者合起来很像一个完整的“天庭”，其中星官的命名也很奇特，有天皇大帝、三公、九卿、五诸侯，还有天厨、天牢、车肆、屠肆，等等。三垣之中，紫微垣的名气最大，因为它是天皇大帝的居处，后又用来比喻人间帝王的住所，如北京的故宫从前称“紫禁城”(“禁”

是“禁中”的省称，有门禁森严不得妄入之意），也可以算得上“天人感应”了。

原载《中学生阅读》1995年第10期，署“师平”

古代占星术趣谈

占星术是一种以星辰运行状况预言人事祸福的方术。在科学不发达的古代，人们普遍存在着敬天思想，如果想知道将要发生的事情，只能求助于上天。《周易》云："观乎天文，以察时变。"又云："天垂象，见吉凶。"在我国长期的封建社会中，天象（主要是星辰运行现象），一直被认为是人间吉凶祸福的先兆。《唐雎不辱使命》中提到专诸刺吴王僚之前曾出现过"彗星袭月"，就可以说明这一点：因为彗星在古代被认作"妖星"，是灾祸的预兆，而月亮是诸侯的象征，所以"彗星袭月"就意味着灾祸将要降临到一位诸侯国君身上——这就是吴王僚。

我国的占星术起源很早，周武王盟津观兵前曾上祭于毕，说明前11世纪时已有毕宿主兵的观念；到春秋战国时期出现了“分野”的规定，逐渐趋于完备。分野，就是将天上的列宿指配于地上的州国，使天地联成一体，例如井、鬼是秦（雍州）的分野，翼、轸是楚（荆州）的分野，虚、危是齐（青州）的分野，等等。这样，每个诸侯国都可以凭借自己的分野来预测本国的前途和命运，如果那里出现异常的天象，国君和大臣们就会惶惶不安。

著名的例子有“荧惑守心”和“太白食昴”。

“荧惑守心”出现在宋景公三十七年（前480年）。“荧惑”是火星的古名，因为它呈红色，荧荧似火，其亮度常有变化，而且运行方向不定，有时从西向东，有时从东向西，令人迷惑，故有此名。“守心”，就是停在心宿上不动。《史记·宋微子世家》有如下记载：

> “三十七年……荧惑守心。心，宋之分野也。景公忧之。司星（官名，掌星象）子韦曰：‘可移于相。’景公曰：‘相，吾之股肱（得力的辅臣）。’曰：‘可移于民。’景公曰：‘君者待民。’曰：‘可移于岁（年成）。’景公曰：‘岁饥民困，吾谁为君！’子韦曰：‘天高听卑。君有君人之言三，荧惑宜有动。’于是候之，果徙三度。”

荧惑是悖乱、残贼的象征，即所谓“天罚”，而心是宋的分野，荧惑守心，则祸必当君，所以“景公忧之”。有趣的是，它后来自动离开了，这是否如子韦所说，是天帝听到景公说了三句不愿移祸于人的话，而下令荧惑离去呢？当然不是。现代天文学常识告诉我们：火星的视运动在顺行转变为逆行或逆行转变为顺行的短暂时间内，都会发生“留”的现象，从地球上看好像是停着不动。

“太白食昴”出现在秦昭王四十七年（前260年）。“太白”是金星的古名，“食昴”就是遮住昴宿（俗称“七姊妹”）。按占星家说法，太白是白帝之子，天之大将军，而昴是赵的分野，所以“太白食昴”就成了赵将被一位大将军所灭的预兆。恰好这一年秦将白起在长平破赵，杀赵卒45万人，并派卫先生去请求昭王增兵，准备灭赵；与此同时，赵也派人游说秦相范雎，阻止增兵。西汉邹阳《狱中上梁王书》中说的“卫先生为秦画长平之事，太白食昴”，正是指此而言。事实上，白起的计划并未实现，秦灭赵在38年之后即前222年。

我国古代占星术的内容极其复杂，例如说火星犯守角宿（在室女座中）就会发生战争；入天潢（在御夫座中）就会发生旱灾；金星隐于日而出兵则兵有殃，其光能照出人影则作战必胜，等等。这些尽管都是迷信的说法，但也不难从中看出古代占星家对天象的观察何等细致入微，这对我国天文学的发展还是有一定影响的。

原载《中学生阅读》1995年第11期，署“师平”

古代的乐律

——五声、七声、十二律浅说

我国古代乐律有一个漫长的发展过程。相传远古时期的黄帝曾命伶伦作律，伶伦吹响了一根长三寸九分的竹管，作为最初的标准音，叫“黄钟之宫”；又另制十二管，摹拟凤凰的鸣声，以雄性鸣声为六律，以雌性鸣声为六吕，合称十二律。律，原指定音用的律管，这里是音高标准的意思。后来舜作五弦之琴，长三尺八寸二分，他一边弹琴一边唱着《南风》诗，歌唱万民安乐的生活。据后人解释，这种琴是简单的弹弦乐器，一弦一音，由低而高，依次称为宫、商、角、徵（zhǐ）、羽（大致相当于现在C调的do、re、mi、sol、la。我国古代乐律跟西洋音乐很不相同，为了使读者得到直观的印象，我们不得不采用这种比拟的说法。下文中加括号的话都属于这种情形），这就是所谓五音或五声了——现在称为五声音阶。

但这些美丽动人的传说全都出于伪托，因为事实上五声音阶是到了殷商时才有的，琴的制作也不会早于这个时代，而十二律的发现则大约是春秋中期的事了。

五声音阶的出现是我国古代乐律发展过程中的一个重大进步，在此后发展起来的各种音阶形式以及乐曲创作中，宫、商、角、徵、羽都是重要的音级。为此，人们还赋予它们象征意义：由于宫是第一级音，“宽和而温”，便用它来象征国君；其余四音则依次象征臣、民、事、物。后人常称琴上第一弦为君弦，就是这个道理。

到了周朝，统治者十分重视音乐在治国中的作用，乐律的发展进步也就更快。其一是七声音阶的出现。这可能是由于人们发现角和徵、羽和宫之间的音程较大（都是小三度音程），便给它们各加一个变音，叫变徵、变宫，由此就形成了七声，即宫、商、角、变徵、徵、羽、变宫（大致相当于现在C调的do、re、mi、fa、sol、la、si）。有了七声，也就有了七弦琴，这多出的二弦即变徵、变宫，据说是文王、武王所加，故又称文、武二弦；不过这种早期的七弦琴恐怕仍是一弦一音的简单乐器，跟后来的七弦琴有很大的不同。其二是十二律的定型化，十二律究竟是何人所作，不得而知，有人说是齐国的管仲（卒于前645年），但《管子》一书中也夹杂着后人的著述，恐不可靠。有史文可以证明的是：前522年，周景王打算铸一口合乎无射律的钟，曾问乐律于伶州鸠（据说他是伶伦的后代），伶州鸠一一说出了七声和十二律的名称。可见这时十二律已经发展到了定型阶段。

十二律跟五声、七声不同，它们所表示的是绝对音高，也就是12个高低不同的标准音，它们的名称是（律名前的数字表示从低到高的顺序）：1.黄钟（C）2.大吕（#C或♭D）3.太簇（D）4.夹钟（#D或♭E）5.姑洗（E）6.仲吕（F）7.蕤宾（#F或♭G）8.林钟（G）9.夷则（#G或♭A）10.南吕（A）11.无射（#A或♭B）12.应钟（B）其中，奇数六律就是本文开头提到的“六律”，偶数六律就是“六吕”，合称律吕。到后来，“律吕”一词又引申为乐律、声律的意思。

要说的话已经说完，可有几件事还得交代一下：一是琴在春秋时期已有很大改进，到东汉末年大体定型，有轸子用于调弦，琴面有十三徽用以指示弦上的音位，全部音域为四个八度（C—d^2）。我们现在所看到的古琴也是这个样子。二是周景王铸无射钟，伶州鸠反对，但最后还是铸成了。无射钟体甚大，声音洪亮，所以后来苏轼在《石钟山记》中用它来比喻水石相搏之声。三是古代的十二律是不平均律，跟现在钢琴用的十二平均律不同；明代乐律家朱载堉曾算出了平均律，但未被采用，所以我们现在听古琴总觉得有一种特殊韵味，跟这也有点关系。

原载《中学生阅读》1996年第5期，署“江枫”

说“妙玉听琴”

看过《红楼梦》的人都知道，大观园的栊翠庵里住着一位带发修行的女尼，不仅年轻貌美，而且精通音乐，这就是妙玉。第八十七回写妙玉和宝玉坐在潇湘馆外的山子石上，听馆里的黛玉弹琴唱歌，两叠（两段歌词）过后，有这样一段描述：

> 里头又调了一回弦。妙玉道：“君弦太高了，与无射律只怕不配呢。”里边又吟道：
>
> “人生斯世兮如轻尘，天上人间兮感夙因。感夙因兮不可惙（chuò），素心如何天上月？”
>
> 妙玉听了，呀然失色道：“如何忽作变徵之声？音韵可裂金石矣。只是太过。”宝玉道：“太过便怎么？”妙玉道：“恐不能持久。”正议论时，听得君

弦蹦的一声断了。

黛玉弹的就是古琴，琴面张有七根弦，由粗而细，自外向内排列。它有多种调弦法，常用的一种是：CDFGAcd（按F调唱名应为$\underset{\cdot}{5}\underset{\cdot}{6}12356$），称“正调”。黛玉唱前两叠时用的大概就是这一种，而这回调弦则改用“黄钟调”了。“黄钟调”的调弦法是$^{b}B_{1}{}^{b}DFG{}^{b}Bcd$（按$^{b}B$调唱名应为$\underset{\cdot}{1}\underset{\cdot}{3}\underset{\cdot}{5}\underset{\cdot}{6}123$），跟正调的差异只在第一、五两根弦上——具体地说，只要将第一弦即君弦（又称“黄钟弦”）降低两律（大致相当于两个半音），第五弦（又称“南吕弦”）升高一律，正调就变成了黄钟调。而君弦降低两律正好是无射律，“君弦太高”，则正如妙玉所说，“与无射律只怕不配呢”。可见妙玉对琴的调弦法十分熟悉，辨音能力也很强。

不仅如此，妙玉还听出了调式的变换。调式的变换，古人称为“旋相为宫”。“宫”，就是第一级音即乐曲中主音的代称，如同现在大调以do为主音，小调以la为主音一样。“旋相为宫”，就是宫、商等七音都可以充当音阶的第一级音，由此就产生出七个调式来。调式不同，则感情色彩不同，艺术效果也不同。黛玉弹到中途忽然转到变徵调式上来，正是出于表达感情的需要。这段歌词的前两句用的是平声韵，写的是淡淡的哀愁，还有点儿痴情未断的味道，宜用宫调式；而后两句改用入声韵（此声调在普通话中已消失），短促而凄清，曲调转换成“变徵之声”，真是恰到好处。很可能，妙玉从中听出黛玉那痴情已断的境界和“质本洁来还洁去”的意念，才给了“音韵可裂金石”的评语，也说明她确实善于听琴。这一节文字其实是为后来黛玉“焚稿断痴情”设伏的，而君弦的断裂正意味着她的悲剧结局。

再说几句题外的话。关于古代乐曲调式跟感情表现的关系，现在的研究还不很充分，但有人认为变徵调相当于以现代大音阶中的导音（即第七级音）为结音的调式，常用于表现悲凄的感情。《史记·刺客列传》记易水送别，说“高渐离击筑，荆轲和而歌，为变徵之声，士皆垂泪涕泣”，可以证明这一点。至于说“羽声慷慨”，也是可信的，伶州鸠就说过“钟尚羽”这样的话，羽调确实有振奋人心的艺术效果。

原载《中学生阅读》1996年第6期，署“金昆”

古代的乐器

我国古代乐器共有八类：金、石、土、革、丝、木、匏、竹。《周礼·春官·大司乐》说："文之以五声，播之以八音。"五声，即宫、商、角、徵、羽；八音，就是这八类乐器。八类之中，丝、竹最常见，本文主要介绍这两类。

丝类乐器有琴、瑟、筝、筑等。琴是古代"乐器之王"，如钢琴之于西乐。跟琴关系很密切的是瑟。《礼记·明堂位》说："大琴大瑟，中琴小瑟。"意思是大琴要用大瑟来配，中琴要用小瑟来配，以求"声（旋律）应（伴奏）相保而和"。可见瑟是琴的伴奏乐器。《诗经·关雎》用"琴瑟友之"来比喻夫妻间感情融洽，正是取其"相保而和"之义。瑟又常用于伴奏唱歌。《论语·阳货》记孔子拒绝接见孺悲事："孺悲欲见孔子，孔子辞以疾。将（传达）命者出户，取瑟而歌，使之闻之。"这"取瑟而歌"，正是用瑟伴奏唱歌。瑟还可以独奏。前279年，赵惠文王在秦赵渑池会上“鼓瑟”，就是独奏。瑟是长方形，有25弦。

跟瑟的形制相仿而小的是筝，春秋战国时期流行于秦，史称秦筝。传说秦人婉无义以一瑟遗二女，二女相争，破一为二，姊得13弦，妹得12弦，故取名为筝。这是附会——筝其实是因“施弦高急”，其声筝筝然而得名的。据考证，汉魏以前的筝为12弦，唐宋以后才增至13弦。筝常用于独奏，唐李端诗句“鸣筝金粟柱，素手玉房前”就是写一位女子独奏筝的情形。

筑的出现较晚，可能在战国后期。其形制不一：一说“似琴而大”，一说“似瑟而细颈”，而解放后出土的筑的明器又大致似筝。有5弦、12弦、13弦、21弦不等。演奏方法是左手持筑，右手用细竹棒敲弦，故史文称高渐离“击筑”——“击”字用得十分准确。

丝类乐器就说这些。

再说竹类乐器。最常见的竹类乐器莫过于箫、笛。俗语云“横吹笛子竖吹箫”，说的是现在的情形。古代不全然如此，古代的箫专指一种多管的竹乐器。屈原《九歌·湘君》：“望夫君兮未来，吹参差兮谁思？”辛弃疾《青玉案·元夕》词：“凤箫声动，玉壶光转，一夜鱼龙舞。”这里说的“参差”“凤箫”，都是箫的别名，因其多管而长短不一，形似凤翼。而笛（古文作“篴”，音义并通）是单管的，横吹的、竖吹的都包括在内。后来竖吹的也称箫，为了跟凤箫区别开来，根据它不用蜜蜡封底这个特点，取名为洞箫。苏轼《赤壁赋》中“客有吹洞箫者”，用的是它的正式名称。这样一来，笛才成为横吹单管竹乐器的专名。我们读古代诗文要注意这一点，例如《列仙传》说秦穆公女儿吹箫引来了凤凰——她吹的应是凤箫，也就是现在说的排箫。

横吹的单管竹乐器中的篪（chí）也很有名，屈原在《九歌·东君》中曾提到它，可见在战国时代很流行。篪跟笛的区别是：它的吹孔和指孔不在一个平面上，而且两端封闭。

其余6类乐器中，比较受人注意的是编钟和竽。编钟就是苏轼在《石钟山记》里提到的歌钟，可以用来伴奏唱歌。编钟起源于商代，多用大小不同的3枚为一组；至周而大盛，每一组的枚数日益增多，例如春秋中期魏庄子的编钟有16枚，而战国初期曾侯乙的编钟竟多达64枚。编钟属于金类乐器。竽则是由于东郭先生的“滥竽充数”而出名，其形制与笙相似而较大，有23根竹管分两排插在椭圆形的竽斗上，竽被归入匏乐器一类，因为它的形状跟匏瓜相似。匏瓜，俗名“瓢葫芦”。

原载《中学生阅读》1996年第8期

鸿门宴上的座次

《史记·项羽本纪》记刘邦往见项羽于鸿门，有许多生动的史实细节十分引人入胜，但也有一处常为读者所忽视，这就是宴会上的座次安排。原文如下：

> 项王、项伯东向坐；亚父南向坐，——亚父者，范增也；沛公北向坐；张良西向侍。

为什么作者要不厌其详地一一写出与宴人的坐向？在讨论这个问题之前，我们不妨先看看刘向《新序》里的一段故事：

秦欲伐楚，因楚有卞和之璧和隋侯之珠这两件宝物，便以“观宝”为名派使者去楚国探听虚实。楚国的昭奚恤识破了秦的真正意图，在都城西门内筑了六个坛：北面四个，东、西各一。秦使者一到，就请他坐在西边，又让令尹子西、太宗子敖、叶公子高和司马子反四人并排坐在北面，他本人则坐在东边。坐定后他对秦使说："贵客想看楚的宝器，楚的宝器就是贤臣。"接着就一一介绍子西等四人和他本人的才干。秦使无言以对，回国后向秦王作了汇报，秦王不得不放弃进攻楚国的计划。

从这件事可以看出昭奚恤对敌斗争的技巧很高明，办事又很得体。按当时礼节，宴会上的座次以西方为上座，其次北，其次南，东为末座。秦使尽管是不怀好意而来，但名义上是"观宝"，昭奚恤仍把他当作贵宾对待，请他坐了上座。昭奚恤本人因为是宴会的主人，所以自居末座。至于子西等四位贤臣，则全被安排在仅次于贵宾的尊贵座位上，用以显示他们在楚国政局中的重要作用。这样安排座次既合乎礼数，又表明了楚的大臣们同心同德、勠力王室的意愿，所以后来秦不敢犯。

再回到鸿门宴的座次安排上来。拿上面说的例子来对照，就可以看出它明显地有悖于礼。刘邦和项羽俱受命于楚怀王攻秦，刘邦封沛公，项羽封鲁公，两人在政治地位上是完全平等的；项羽有击破秦军主力的大功，刘邦首先破关入咸阳，降秦王子婴，功亦不小。在这种情况下，刘邦来鸿门做客，理当坐在西边（即"东向坐"）；范增亦受命于楚怀王为末将，年又最长，可以留在原位；张良其时辅佐刘邦，但就其名分来说为韩王申徒，也应作为客人对待，以坐在南边（即“北向坐”）为宜；至于项羽、项伯作为宴会的主人，理当效法昭奚恤，居于末座。然而实际情况却是颠倒错乱纷出，真可以说是“宴无好宴”了。

史家写人物是不用“闲笔”的。宴会上的座次看起来似属小事，然而一旦出现颠倒错乱的情况，那就是大问题了。司马迁抓住项羽以主人身份而自居上座这一点，从侧面表现了他自矜功伐的性格——这种性格不仅对他眼前的事业起着很坏的影响，而且最终导致了他的失败。这是英雄的悲剧。

附带说说，西为宾位、东为主位还表现在入席方式上。《史记·魏公子列传》记信陵君破秦存赵后，赵王设宴欢迎他，拟献五城，信陵君却自己“降等”入席，不走西阶而坚持自东阶上，以示无功于赵，使赵王直到宴会末了“口不忍献五城”。诸如此类的地方，也可以算作史文中的“微言大义”吧？

原载《中学生阅读》，期次不详

异彩纷呈的先秦诸子散文

先秦诸子散文是我国古代文苑中一座异彩纷呈的花坛。它给予后人的启迪无限丰富，使人叹为观止。

它的成就是时代赋予的，因为它的作者都生活在从周灵王到秦始皇统一全国这个时期里，在这三百多年间，周天子的地位逐年衰落，各地诸侯竞相发展自己的经济和军事实力，兼并战争频频发生。社会处在急剧变革之中，一切传统的道德和思想观念被打碎了，哲学、政治、经济等方面的思想巨匠应运而生，各以其独立的精神，毫无避讳地提出自己的学说，并跟其他学派辩论，形成了一个被后人称为“百家争鸣”的局面。

据汉人刘向的划分，先秦诸子共有儒、道、阴阳、法、名、墨、纵横、农、杂、小说十家。若再从儒分为八，墨离为三，道分三十七来看，则谓之“百家”亦不为过。“百家”之中，一向享有盛名的是儒、道、墨三家。

儒家典籍最为丰盛，这要归功于它的创始人孔子。孔子68岁时，在周游列国之后回到鲁国，专力从事著述，编定了《尚书》《诗经》《周易》和《春秋》，又修订了《礼》和《乐》——这就是赫赫有名的“六艺”。其中，除《诗经》外，都是散文作品。但这些早期的典籍很不易读懂，而后起的《论语》和《孟子》到汉以后几乎成了人人必读的课程。

《论语》是一部记录孔子言行的书，从中可以看到孔子在哲学、政治、道德、教育等方面的观点，是研究孔子思想最可靠的资料。据《汉书·艺文志》载：“当时弟子各有所记，孔子既卒，门人相与辑而论纂，故谓之《论语》。”可见《论语》决非出于一时一人之手。《论语》共20篇，每篇由若干章组成。其记言方式有三种：一是直白，先冠以“子曰”二字而后直录孔子言论，内容大多具有格言性质。二是对话，简单些的，先交代问者和所问之事，后记孔子答语；复杂些的，要记录对话的全过程。三是合事而记，其中往往含有生动的情节，能引人入胜。也有专记孔子行事的，如《乡党》篇。此书语言简朴直截，用意深远，有一种雍容和顺、迂徐含蓄的风格。例如说：“岁寒，然后知松柏之后凋也！”（《子罕》）这显然不仅仅是对松柏的礼赞，而是概括了丰富的社会现象和社会生活。

《论语》成书大约在战国初年，百年后而有《孟子》。据《史记·孟荀列传》，孟子受业于孔子孙子思之门人。《孟子》七篇的主旨是宣扬儒家的政治、道德、理想，中心思想是仁义，主张以“王道”统一天下，反对“霸道”。孟子长于设喻，“辞不迫切，而意已独至”，例如“五十步笑百步”“缘木求鱼”“揠苗助长”等比喻都蕴含极深，至今仍常被人引用。《孟子》的散文虽然基本上还未脱离语录体，但比之《论语》却有了很大发展。

道家的代表著作有《道德经》（又称《老子》）和《庄子》。据《史记》所载，《道德经》是道家创始人李耳（又称老子、老聃）西游出关时，应关令尹喜的要求写的。书分上下篇，81章，共五千多字，主旨是阐述消极避世的人生哲学，但也有一些朴素辩证因素，如“物或损之而益，或益之而损”“祸兮福所倚，福兮祸所伏”等等。《庄子》的作者庄周是孟子的同代人，知识极其渊博，最喜爱老子的学说。他的书现存33篇，大部分是美丽动人的故事，即所谓“寓言十九”，如“鲲鹏图南”“庄周梦蝶”“庖丁解牛”“望洋兴叹”等等，其中都包含着深刻的哲理，能引发人的联想。鲁迅曾说，庄子之文“汪洋辟阖，仪态万方，晚周诸子之作，莫能先也”。阅读其名篇《逍遥游》，便知这绝非过誉。

墨家著作现在仅存《墨子》一种，共53篇，也是弟子所记。墨子的基本主张是兼爱、非攻。墨家的可贵之处在于实践，连孟子也称赞他们那种“摩顶放踵利天下”的精神。例如公输般为楚造云梯准备攻宋，墨子在做好应战准备之后，行十日十夜至楚终于说服楚王停止了这场战争(见《非攻》)。

在上述三家之外，我们还不能不提到《荀子》《韩非子》和《吕氏春秋》。《荀子》32篇，其作者荀况源出于儒，而不墨守儒家观点，他在书中提出“天行有常”“制天命而用之”等朴素唯物论观点；又针对孟子的“性善”说提出“性恶”说，强调环境和教育对人的影响，并由此建立起礼治和法治相结合的政治观。韩非子是荀子的学生，好刑名法术之学，是法家学说的集大成者，著有《韩非子》，共三十余篇，其中《五蠹》篇名气最大，“不期修古，不法常可”“事因于世，而备适于事”“儒以文乱法，侠以武犯禁”等论断就出自这里。至于战国之末才出现的《吕氏春秋》，则是秦相吕不韦集众多宾客所为，有八览、六论、十二纪，是一部无所不包的杂著，但这已是“百家争鸣”的尾声了。

原载《中学生阅读》1997年第1期

厚重动人的先秦史传

在先秦散文中，史传作品远不如诸子百家理论著作之多，但它的成就不小，同样闪射着永不磨灭的光辉。

史传是在长期记录、积累史料的基础上产生的，是大量史料鲜明而集中的体现。我国有文字记载的历史一般认为应从商朝算起。商朝的统治者的最重要助手是巫，其次就是史，史官的职责是记人事，观天象，保存旧典，实际上就是积累史料，作为国君决定大计方针的参考。到了周朝，除周天子外，各地诸侯也设史官，记录本国的大事。这样延续到春秋战国时期已有千余年历史，史料积累之多，写史经验之丰，完全可以想见。在这样的情况下，史传的作者们脱颖而出，旁搜远绍，精心构思，写出了许多动人的篇章，把过去只有极少数人才能看到的史料变成了人人可读的“历史教科书”，让大家都能看到自己赖以生存的这片土地上的“昨天”。

最早出现的是编年体史书《春秋》和《左传》。这两部书要合在一起说，因为按传统观点，《春秋》是经，而传是用来解释经的。解释《春秋》经的不止《左传》，还有《公羊传》和《穀梁传》，但它们都不如《左传》名气大。《春秋》是孔子以鲁史为依据编订的，用的是鲁史原名，因为内容近乎大事记，曾被反对者讥为“断烂朝报”，但这是不公正的。《春秋》不是单纯记事，它还反映了儒家的历史观，常寓褒贬于一字之中，叫作“微言大义”，因而过去有“孔子作《春秋》而乱臣贼子惧”的说法。《左传》解释《春秋》，跟《公羊传》《穀梁传》不同：后二者侧重说明的是用字含义，而它则侧重叙述事情的来龙去脉，往往要写出许多史实的细节。例如《春秋》记齐鲁长勺之战，只有“十年春，王正月，公败齐师于长勺”这么一句话，而《左传》则详细地叙述了这次战争的经过和鲁军以弱胜强的原因（详见《曹刿论战》）。《左传》不仅史学价值高，文学价值也高，它能以寥寥数语绘声绘色地塑造出个性鲜明的历史人物形象，“记言”更有其独到之处，至今依然流行的许多成语如“一之为甚，其可再乎”“贪天之功，以为己力”“风马牛不相及”，等等，都出自传中人物之口。韩愈曾说：“《春秋》谨严，《左氏》浮夸。”这是很中肯的评价——“浮夸”，说的是它描述史实极其生动，不是贬义，是褒义。

《春秋》记事起于鲁隐公元年（前722），终于鲁哀公十四年（前481），共242年；《左传》则往下延至鲁悼公四年（前464），比《春秋》多出17年。《左传》作者左丘明生平不详，只知道他是鲁国史官。《左传》又称《春秋左氏传》或《左氏春秋》。

再说《国语》。《国语》是国别体史书，共21卷，分别叙述周、鲁、齐、晋、楚、郑、吴、越八国的重要史实。记事上起周穆王，下至周贞定王，时间跨度为《左传》的一倍。以记贵族们的谈话为主，也有生动的描述，但不如《左传》远甚。关于它的作者历来颇有争论，多数人都认为是左丘明，因为司马迁说过“左丘失明，厥有《国语》”这样的话。

跟《国语》体制相仿而成书较晚的是《战国策》。这是战国时期策士们言论的汇编。说它是史传，是因为它的记言是合事而记，每一种言论的背景和效应都写得清清楚楚，从而在总体上再现了战国200多年的政治、军事、外交等方面错综复杂的斗争情况；此外，书中某些篇章在模式和写法上跟后来的人物传记简直毫无区别，例如《燕策》中“荆轲刺秦王”一节，司马迁后来写《史记》，几乎一字不易地将它迻（yí）录在《刺客列传》里。这本书的文学价值也不低于《左传》，它所描写的那些策士，大多具有艺术形象的魅力，他们在广阔的历史舞台上，以超人的勇敢和机警，审时度势，纵横捭（bǎi）阖。《战国策》已经发展到“文质合于一”的阶段，即既注重文章的内容，又注重语言的艺术，对后世产生了很大影响。司马迁的《史记》正继承了《战国策》中体情状物酣畅淋漓的长处。宋代散文家苏洵、苏轼的文章，也吸取了《战国策》雄辩、富丽、恣肆的特色。全书共33篇，所叙诸国包括东周、西周、秦、齐、楚、赵、韩、魏、燕、宋、卫、中山。本书初名甚多，有《国策》《国事》《短长》等，卷帙（zhì）亦错乱无序，经汉人刘向整理后，才定名为《战国策》。

原载《中学生阅读》1997年第2期，署“金昆”

编后记

2015年夏天，张必锟先生把自己关于文言文教材、教法的文章整理出来，寄到我供职的人民教育出版社中学语文编辑室，本来是想编一本《文言文教材教法初探》，后来在顾之川老师的建议下，把有关现代文、作文教学的论著也编到一起，这就是《我教语文——张必锟语文教育论集》（人民教育出版社2016年版）。我有幸担任这本书的责任编辑。

先生于2017年去世后，我了解到先生还有一些计划结集出版的旧稿（包括从未正式发表的手稿）。恰好商务印书馆的编辑李节女士正在策划“语文教师小丛书”，约我编一本先生专论文言文教学的小书。于是我就在先生家人的陪同下将这批旧稿取出，加上由于篇幅所限没有收入《我教语文》的一些文章，与张春莲老师一起，编成了这本《文言教学法》。

关于先生的文言教学法，张春莲老师在本书的导读中已有精到的阐发。这里仅就本书中一些文章的情况略作补充。

本书所收文章绝大部分为《我教语文》所未收，重复收录的只有《〈五柳先生传〉教学实录》和《〈师说〉诵读教学设想》两篇。前者是先生为数不多的发表出来的教学实录，编《我教语文》时只收了礼出老师的点评，此次整理先生遗稿时发现了先生答复礼出老师的信，于是一并收录；后者在先生撰写的多篇"诵读教学设想"中最有代表性，先生自己对此也非常重视，所以此次不避重复，也收录进来。

本书中最珍贵的文章当属《谈谈文言文教学》《文言文教学法》《谈谈文言文练习的设计》三篇，此前均未见正式发表，前两篇据手稿排录，第三篇据铅印稿排录。《谈谈文言文教学》是先生2001年前后受中央教科所之邀谈文言文教学的讲稿，写在8开的"人民教育出版社稿纸"（应该是当年为人教社编教材留下的）上，共28页，原文用黑色钢笔书写，又有不少红笔、黑笔的修改、增删，可谓"朱墨灿然"。其中有一句话，原文是"没有人提出异议"，红笔圈去"异议"，黑笔改为"不同意见"，显然是考虑到讲稿的特殊性，"异议"在口头上容易产生歧义。先生的一丝不苟可见一斑。《文言文教学法》是复印件，原件纸型与《谈谈文言文教学》相同，共21页，没有修改痕迹，应该是誊清稿。从内容上推测，写作时间可能稍早于《谈谈文言文教学》。《谈谈文言文练习的设计》是某次讲座的提纲，从文中提到的课文情况来看，可能作于1980年代中期。

本书中“实词译解”“虚词随笔”“断句指津”“笔法漫谈”“文化常识”五个部分的文章，大都发表在上世纪八九十年代的《语文报》《中学生阅读》等报刊上，如今已不易见到。好在先生生前已经做了初步的收集、整理工作——把文章剪下，贴在稿纸上，注明报刊名、时间、期次（有的没注，此次编集也没能查到，只好付之阙如），并做了分类。这些文章篇幅不长，切入点也很小，最初都是为学生而写，但对今天很多语文教师来说同样值得一读——不仅是文章谈到的知识本身，在“教什么”和“怎么教”的问题上同样有很大的启发意义。

文章的情况说完，谈两点想法。

第一，关于诵读教学。

文言诵读教学，有理论的支撑，也经过实践的检验，其当行、可行自不待言，但有些教师乃至所谓“专家”并没有意识到这一点。

我曾在一篇文章中批评某位特级教师讲授《答谢中书书》时，在翻译上花了太多时间，虽有诵读环节却缺乏具体的指导。但至少学生还当堂读了课文。新近在某核心刊物上看到一篇单元整体教学设计，对象是统编高中教材必修下册第八单元（含《谏太宗十思疏》《答司马谏议书》《阿房宫赋》《六国论》四篇课文），第一作者是业界某知名教授，设计了一堆所谓“真实情境”下的活动、任务，从头到尾倒是紧扣“思辨”（因为这个单元从属于课标规定的“思辨性阅读与表达”任务群），可除了“了解谏、疏、赋、书、论等文体的功用与特点，掌握文言实词、虚词、句式等基础知识”，看不到一点儿文言教学的影子，对“诵读”更是只字不提。我不禁疑惑：就这？这就学完了？《阿房宫赋》这样的作品，都没好好读一下，就学完了？不跟没学一样吗？这还不是个别现象，最近还看到一篇统编高中教材必修下册第一单元（《子路曾皙冉有公西华侍坐》《寡人之于国也》《庖丁解牛》《烛之武退秦师》《鸿门宴》）的整体教学设计，与前面说到的那个设计如出一辙（因为这个单元同样从属于“思辨性阅读与表达”任务群），各种学习活动的安排不可谓不丰富，但同样对“诵读”只字不提。当《阿房宫赋》《庖丁解牛》《鸿门宴》这样的经典文本沦为思辨材料，当学生对文本只是一知半解就进入令人目迷五色的“活动”中，当诵读被当作“陈旧的教学方式”弃之如敝屣，我不能不为文言文教学乃至整个语文教学的前景感到深深的忧虑。

这里有必要说一下诵读（特别是背诵）是否会加重学生负担的问题。听说——听说而已，没有亲见——某位领导曾以“学生负担太重”为由，要求取消语文教材中一切背诵要求（后来当然是没有照办）。熟读成诵是培养文言语感最有效的方式，这是已经被无数事实证明过的真理；所谓背诵加重学生负担，很大程度上是因为教学不得法。比如上述两个教学设计，把时间都花在所谓“活动”上，背诵的任务完全放在课下，加上学生对文本缺少深入的把握（甚至根本不熟悉），只能流于死记硬背，负担焉能不重？而先生已经用数十年的教学实践证明，恰当运用诵读教学法，学生完全可以当堂成诵，哪儿有什么多余的负担？

诵读教学其实与词语学习以及思辨、审美、文化等诸多要素并不矛盾，相反，它们都可以围绕诵读来展开。现在大力提倡活动式教学，诵读何尝不是一种学生参与度很高的活动？现在大力提倡核心素养的融合发展，看看先生二三十年前的课例和诵读教学设想，语言、审美、思维、文化融会其中，达到了高度的统一，学生完全可以实现语文素养的综合提升。反观上述两个教学设计，把文言学习窄化为文言知识（实词、虚词、句式、古代文体知识等）的学习，学习方式仅仅是“梳理”；而且作为一个独立环节，与文本解读完全割裂，这难道就是所谓的“改革方向”？

第二，关于文言知识。

现在的文言知识教学常常陷入两个极端：一是掰开揉碎，事无巨细地讲，而且喜欢在概念术语上纠缠不休；二是像上面提到的两个教学设计一样，教师一字不讲，只让学生梳理。前者固然是要反对的，但也不能因噎废食，走向另一个极端，简单粗暴地把“讲”和“不讲”作为区分教法落后和先进的标准。好的教师，应该是“有所讲有所不讲”：学生一看就懂的或者互相讨论就能解决的，不必讲；一些关键的阅读方法，作品语言、章法上的精妙之处，学生难以自悟，则作必要的提示、点拨。先生所讲，要么是精要的方法，如《怎样辨析词的本义》《利用语言环境辨析词义》《学文言虚词，要懂得“审辞气”》《断句必先弄清文意》等；要么指向文本的“炼字炼句处”“章法考究处”，如《〈马说〉中的五个“也”字》《〈醉翁亭记〉中的二十一个“也”字》《文言文的换字法》《谈“微言大义”》等。而先生的讲法，也绝不像市面上流行的“知识大全”“知识手册”上那样只有干巴巴的条文，而是紧密结合文本，要言不烦，阐发精到，往往有“四两拨千斤”之效；而且先生从不为知识而知识，也决不在概念术语上反复纠缠，他讲知识都是为了解决文言阅读中的实际问题，真正做到了张志公先生提倡的“精要，好懂，有用”。

现在一提到“讲知识”，总会有所谓“专家”嗤之以鼻，斥之为“破碎”“灌输”。支离破碎的讲解和填鸭式的灌输当然应该反对，但是不能把反对的对象扩大化为“讲知识”，更不能由此鼓吹“知识无用论”，认为课堂教学不需要知识，教师也不需要知识。教师的知识储备，当然是越厚实越好——不是为了灌输，不是为了炫博，而是为了在教学中随时调用以解决种种问题。可是不知从什么时候开始，出现了这样一种论调：对于语文教师来说，学科专业知识已经不重要了；因为教师要从知识的传授者转型为课堂活动的组织者，所以最要紧的是活动设计能力和组织能力。这本是极为荒谬可笑的（讳谈“知识”者往往是借此掩饰自己的无知），却有人拿它当了真。前两年去某师范类高校开会，听该校领导说，他们打算把中文系的汉语言文学类专业课砍去一半，转而增加一些所谓“有用”的课程。可是，在专业知识上存在缺陷的语文教师，在教材研读、文本解读、教学目标设定、教学内容选择、学生课业评价等方面，真的让人信得过吗？比如前面举到的第一个教学设计，竟然把《谏太宗十思疏》的“谏”当作一种文体，还要让学生总结它的“功用与特点”，真是令人哭笑不得。这些年听课、审稿、答复教师来信的经历告诉我，无论任何时候，语文教师的语文功底永远是第一位的，离开这个，一切都是空中楼阁。温儒敏老师近年来强调语文教师要做“读书种子”，建议大家把在大学阶段该读却没读的书拿出来好好读读，正是基于这样的考虑。先生的文言文教学能够取得如此之高的成就，当然也离不开自身坚实的功底和工作之后不间断的读书学习。这一点，听过先生课、读过先生文章的人都会深有感触。

先生在《谈谈文言文教学》中有这样一段话：

> 我想文言文是个土生土长的东西，外国没有，也不会有。教文言文，应当立足于尊重传统经验，取其精华，去其糟粕，然后参考当代新的教学理论和教学方法作适当的改革，才是真正的出路所在；如果不顾传统经验而刻意求新，以至盲目套用外国的经验，其结果必定是事与愿违。

这段话说在二十年前的课改之初，今天却依然发人深省。这些年来，“不顾传统经验而刻意求新，以至盲目套用外国的经验”的情况还少吗？忽视诵读，蔑弃知识，带给我们的教训还不够深刻吗？回过头来看先生当年的“初探”，是脚踏实地的实践和思考，是多么值得珍视的财富！希望更多的有识之士，能够循着先生辟出的道路，不断地展开“续探”“新探”，开创文言文教学的新局面。

最后，感谢张必锟先生的子女对本书出版的提供的帮助和支持，感谢商务印书馆出版这本书，让先生的学问、思想沾溉后学。

陈恒舒

2021年5月23日